大白蓮華編集部 編

第三文明社

はじめに

創価学会員として、日々、信仰に励んでいく中で、「あれ？　これって、どういうことなんだろう？」「これには、どういう意味があるんだろう？」といった「気になること」「聞いてみたくなること」に直面することがあるのではないでしょうか。

それは例えば、信仰の基本姿勢に関することだったり、仏法用語に関することだったり、学会活動に励んでいく中で感じた素朴な疑問だったりと、多岐にわたるはずです。

そうした「気になること」「聞いてみたくなること」に対し、「これが正解」とまではいかなくとも、日蓮大聖人の仏法の考え方や捉え方、また学会指導を基調とした上で、一つの方向性を指し示すことができるのではないだろうか？　そのような考えから、「大白蓮華」の二〇一六年一月号からスタートしたのが、「気になる？↓なるほど！　ザダンカイ質問タイム」です。

読者の皆様に、より親しんでいただくために、形式も、壮年部、女性部、男子部の和気あいあいとした語らいの中で、会話が進んでいくようにしました。

ありがたいことに、連載開始以降、読者の皆さまからたくさんの反響の声が寄せられました。とりわけ、うれしかったのは、現場で開催されている座談会で、壮年、女性、男子それぞれの配役を立てて、「ザダンカイ質問タイム」の寸劇を行い、参加された皆さまに大好評だったという便りでした。

こうした便りは、回数を重ねるごとに増え、今や各地の座談会場で活用されているようです。さらに、「ザダンカイ質問タイム」の内容は、それぞれの言語に翻訳され、世界各国で発刊されている機関誌に転載されるまでになっている事実には、驚くばかりです。

創価学会第二代会長の戸田城聖先生は、明言されています。

「信は理を求め、求めたる理は信を深からしむ」と。

そして、「信は理を求め」——信心を深めていくと、より深く理解したいとの求道の心が芽生えます。「求めたる理は信を深からしむ」——求道の炎を燃やして得られた仏法への理解、納得は、さらに一段と信心を深めていくことになります。

池田大作先生もまた、「私の体験からいっても、疑問を明確にし、実践の中で徹底して考え抜いて、心の底から納得することが、信仰を深めていきます」と指導されています。

このご指導を拝するならば、「信心」と、「理解・納得」は、相関関係にあるといえるでしょう。つまり、「信心を深め、強める」最高の方途は、信仰上の、また教学上の一つ一つの疑問に対し、「理解」と「納得」を深めていくことにあるといっても過言ではないのではないでしょうか。

「なるほど、そういうことだったのか！」――こうした仏法への「理解」「納得」が、一人一人の「信心」を深めることにつながっていくものと確信し、今後も編集作業に全力で取り組んでいく決意です。

さて、今回、第三文明社から、「ザダンカイ質問タイム」が、書籍として発刊される運びとなりました。第一線で奮闘されている皆さまに、もっと身近に、もっと気軽に、また座談会の企画などに、「ザダンカイ質問タイム」をご活用いただけるようにと、テーマ別に振り分けました。

同書発刊に際し、陰に陽にご尽力くださいました多くの皆さまに、心より御礼を申し上げます。とともに、この書が、読者の皆さまにとって、何らかの信心触発の契機となれば、編集部として、これ以上の喜びはございません。

大白蓮華編集部

はじめに 1
本書の登場人物 8

第1章　信心ってむずかしい？

Q 御書を読む時は、正座しないといけないんですか？ 10
Q 僕の祈り、あまり叶わないんですけど……。 14
Q 御本尊には、どんなことを祈ってもいいんですか？ 18
Q "一念が大事"って言われたんですが、祈っていても雑念ばかりで……。 22
Q 勤行の内容がチンプンカンプンなんですが……。 26
Q 未来部員から「なんで勤行するの？」って聞かれました。 30
Q 勤行・唱題を頑張れば、折伏しなくてもいいですか？ 34
Q 教学試験、ドン引きです……。やっぱり受けなきゃいけないんですか？ 38
Q 長年、信心に励んできた母が病気に……。 42
▼人物紹介①（大木地区部長＆白崎地区女性部長） 46

第2章　日々の活動での疑問

Q「3・16」まで頑張ったら、次は「5・3」。
なんだか息つく暇もないですよね……。　48
Q広布史の話で盛り上がっていても、知らないので寂しい。　52
Q「団結」「団結」って言われるほど組織に縛られるようで、いやです。　56
Q信心の世界に「勝ち組」「負け組」ってあるんでしょうか？　60
Q「戦いだ！」「戦おう！」という言葉にびっくりしました。　64
Q学会活動や地域活動など、皆さん、大変ですよね。
どうして人のために頑張れるんですか？　68
Q学会の人って、どうして〝陰の戦い〟を大切にするんですか？　72
Qこんなに頑張っているのに功徳が出ません。　76
Qどうしてみんな、そんなに決意ばっかりするんですか？　80
Q「学会活動に励む心の余裕がない」って言われて……。　84
Q人材って、なかなかいないんですよね……。　88

Q 人事の任命を受けたんですけど、力がないので無理だと思う。 92
▼人物紹介②（男子部・蓮田さん&女性部・華山さん） 96

第3章 いろんな人と語り合おう！

Q 家庭訪問に行ったら〝うざい〟って言われちゃいました……。 98
Q 新しいメンバーに信心のことを伝える自信がありません。 102
Q 友人を折伏しようにも、今の自分じゃ説得力ないです。 106
Q 仏法のことが、まだよく分かっていないので折伏できません。 110
Q 折伏している友人から「僕に干渉しないで」と言われました。 114
Q 未入会の両親に仏法対話をしたら、気まずくなっちゃいました……。 118
Q 親しい人とだけ対話をしたいんですけど……。 122
Q なかなか折伏が実りません。 126
▼人物紹介③（男子部・桜葉さん&女性部・桃園さん） 130

第4章　それってどういうこと？

Q 寝坊したのは「魔」の仕業ですか？ 132
Q 「心が磨かれる」ってどういうことですか？ 136
Q 「法華経のために命を捨てる」って、どういうこと？ 140
Q 〝広宣流布〟って人数が増えるってこと？ 144
Q 「実証を示す」ってどういうこと？ 148
Q 自分の仕事、あまり好きじゃないんですよね。だからやる気が出なくて……。 152
Q 一体、どれくらい頑張れば、仏に成れますか？ 156
Q 「他宗の葬式に参列しても大丈夫？」って聞かれたんですが……。 160
Q よく「師弟」って聞くんですが、自分には難しいかなって思う。 164
Q 「師弟不二」って、どういうことなんでしょうか？ 168
Q そもそも「人間革命」って、どういうことなんですか？ 172

【凡例】

一、本書は、月刊誌『大白蓮華』（聖教新聞社）連載の「気になる？→なるほど！　ザダンカイ質問タイム」（2016年1月号～2020年3月号）から40編を選び、加筆修正のうえ再構成・収録したものです。

一、御書の御文は『日蓮大聖人御書全集　新版』に基づき、ページ数を（新〇〇ページ）と示しました。あわせて『日蓮大聖人御書全集』（創価学会版、第278刷）のページ数を（全〇〇ページ）と表記しました。

本書の登場人物

地区女性部長
白崎（しらさき）さん

地区部長
大木（おおき）さん

女性部
華山（はなやま）さん

男子部
蓮田（はすだ）さん

女性部
桃園（ももぞの）さん

男子部
桜葉（さくらば）さん

第1章　信心ってむずかしい？

Q 御書を読む時は、正座しないといけないんですか？

大木▼皆さん、きょうの座談会には、新入会の蓮田（はすだ）さんも参加してくれています！（拍手）

蓮田▼分からないことばかりですが、これからしっかり勉強していきますので、よろしくお願いします！

白崎▼そんなにカタくならなくてもいいのよ（笑い）。

大木▼そうだよ。わが家に帰ってきたつもりでいいんだよ。

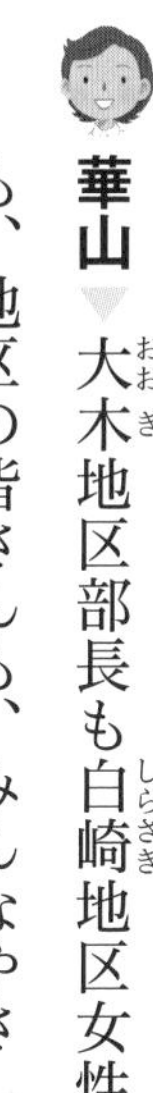

華山▼大木地区部長も白崎地区女性部長も、地区の皆さんも、みんなやさしい人よ。

蓮田▼すみません（照れ笑い）。ありがとうございます。

大木▼ところで、座談会に出てみて、疑問に思ったこと、なかったかな？　どんなことでも聞いていいんだよ。

蓮田▼えーっと、じゃあ……さっき、大木地区部長が御書を開いて話をした時、驚いたことがあるんです。

大木▼どんなこと？

蓮田▼みんなが一斉に、さっと正座したじゃないですか。あれは、どうしてなんですか。

大木▼気になるよねー（笑い）。それはね、「御書根本」が学会の基本精神だからなんだよ。日蓮大聖人の御聖訓を拝していく姿勢は、御本尊に向かって勤行・唱題する時と同じなんだ。居住まいを正して御本仏に向き合うという思いの表れが、正座につながっているんだよ。

蓮田▼なるほど。そういうことなんですね。

白崎▼でも、必ず正座をしないといけない、ということではないのよ。いつもイスを使っていて、正座に不慣れな人もいるだろうし、海外の同志は、そもそも正座という文化がないしね。

大木▼そうだね。日本だって、イスに座っているのに、わざわざ下りて正座をする必要はないし、足や腰が悪い方は、無理に正座をしないほうがいい。

華山▼あら、私のおばあちゃんなんか、いつも、イスの上で正座しちゃいますけど（笑い）。

大木▼それも、人それぞれ（笑い）。池田先生は、御書を拝する姿勢として「たとえ一節でもよい。一行でもよい。『この仰せの通りだ！』『この御書は今の自分にいただいたものだ！』と、深く生命に刻みつけ、厳然たる信心で、新たな広布の戦いを起こしゆくのだ！」と、つづられているんだ。私も正座をすると、「真剣に御書を研鑽するぞ」というスイッチが入るからそうしているんだよ。あぐらだと、かえって腰に負担がかかるしね（笑い）。

蓮田▼確かに、僕も正座すると、気合が入る気がします。

白崎▼私たちにとって、「御書根本」というのは、自分の信仰と人生を見直す機会なのよ。常に御書を拝し、信心の確信を深めながら、蘇生や再起のドラマを築いてきたの。御書を開けば、直接、大聖人の御生命に触れることができますもの。だから、御書を拝する姿勢を大事にしているのよ。

蓮田▼そうなんですね。みんな、そうした自分の体験を持っているから、真剣になるんですね。

大木▼いずれにせよ、形式にこだわりすぎると堅苦（かたくる）しいし、かといって、適当でいいというわけでもないし、周りの人を不快にさせる態度も良くない。

華山▼やっぱり、「心こそ大切なれ」（新一六二三ページ・全一一九二ページ）なんですね。

大木▼そうだね。「信心を深めていこう」という「心」で、真剣に御書を拝していこうよ！

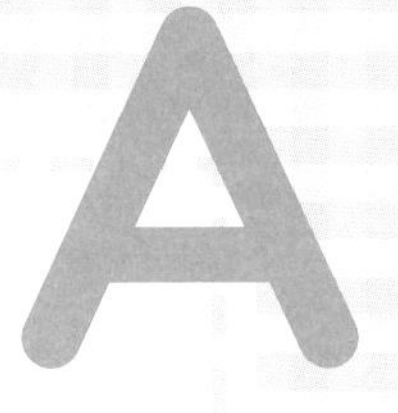

形式にこだわらなくて大丈夫。「信心を深めよう」との心が大切。

僕の祈り、あまり叶わないんですけど……。

蓮田▼あのー、僕の祈り、あまり叶わないなーと思っているんです。友人に学会のことを理解してもらいたいと思って、真剣に唱題して、一生懸命、対話しているんですけど、なかなか分かってもらえ

蓮田▼以前、座談会で「祈りが叶わないことはない」って聞きましたけど、それって本当ですか？

大木▼どうしたんだい、蓮田さん。そんな唐突に。

なくて……。でもまあ、僕が話し下手っていうのもあると思いますけど。

白崎▼大丈夫よ。対話しようと思って、祈って頑張っているんだから、すごいじゃないの。

大木▼対話で大事なのは、話がうまいとか、下手とかじゃなくて、真心と真剣さだと思う。祈りを根本にした、真剣な思いは、必ず相手に通じていくよ。

白崎▼そうよ。最初は理解してくれなくても、いずれ必ず良き理解者になってくれるし、対話を重ねていく中で、ちゃんと話せるようになっていくわよ。女性部の先輩方を見れば分かるでしょ（笑い）。

蓮田▼はい。ものすごくよく分かります（笑い）。あと、もう一つ祈っていることがあるんですけど……。

華山▼どんなことかしら？

蓮田▼仕事の営業成績を上げることなんです。毎日、祈ってるんですけど、なかなか結果が出なくて。やっぱり叶わない祈りもあるのかなって思うんですよ。

大木▼具体的に、努力していることはあるかな？

蓮田▼えっ？　とにかく一遍でも多く題目をあげるようにしています。

大木▼うーん……もちろん唱題は根本なんだけど、仏法は魔法じゃないからね。ただ祈っているだけで、すぐに仕事がうまくいくということは、ありえないよ。

蓮田▼そうなんですか……？

大木▼大切なのは、祈りを根本に行動することだよ。先輩にアドバイスを受けたり、得意先の企業の研究をしたり、できることはたくさんある。誰よりも努力してこそ、職場での結果も出せるんだ。

白崎▼あとは「広宣流布の祈り」が大事だと思うわ。

蓮田▼どういうことですか？

白崎▼単に自分の成功や幸福だけを祈るよりも、皆の幸福のために広宣流布を祈りの根本に据える、ということよ。「広布のために、職場で実証を示させてください」って祈っていくことが大事なの。

大木▼御書に「必ず心の固きに仮って、神の守り則ち強し」（新一六〇八ページ・全一一八六ページ）という言葉があるんだ。その言葉を受けて、日蓮大聖人は「神の護ると申すも、人の心つよきによるとみえて候。法華経はよきつるぎなれども、つかう人によりて物をきり候か」（同ページ）と仰せなんだ。

華山▼聞いたことがあります。私たちの祈りの深さで、諸天善神の働きが決まるんですね。

大木▼そうだよ。諸天善神は「法華経の行者」の願いを守る。「法華経の行者」の願いは広宣流布だから、広宣流布が私たちの祈りと行動の根本になった時、諸天善神も力強く動くんだ。多くの人が私たちを守る働きをしてくれるんだ。

白崎▼池田先生は「自分の目下の課題について祈り、全力を挙げることは当然である。同時に、〝広布のために〟という祈りに立ったとき、その大きな一念に、小さな悩みは全部、含まれ、全部、好転していく」と言われているのよ。最後は必ず所願満足の境涯になります。祈りは絶対に叶っていくのよ！

蓮田▼分かりました。挑戦してみます！

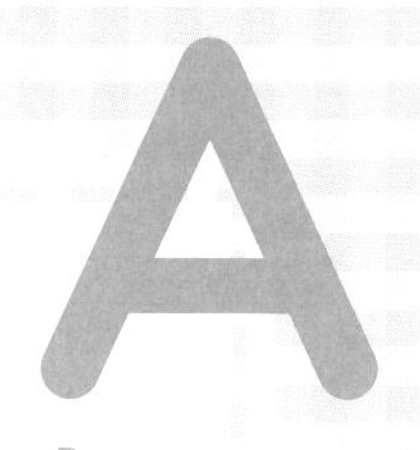

大事なのは広宣流布の祈り。真剣に祈り、努力し続ければ、必ず所願満足の大境涯になる。

Q 御本尊には、どんなことを祈ってもいいんですか？

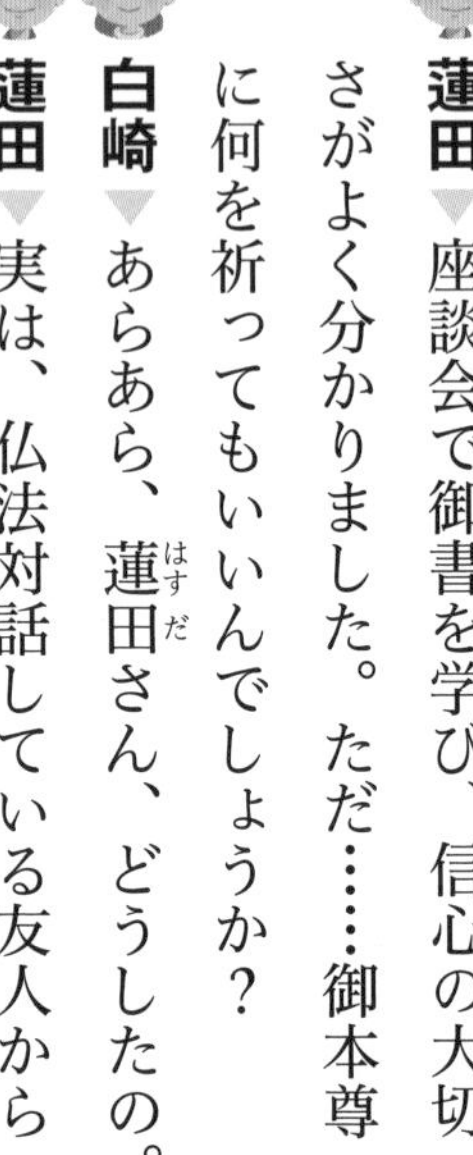

蓮田▶座談会で御書を学び、信心の大切さがよく分かりました。ただ……御本尊に何を祈ってもいいんでしょうか？

白崎▶あらあら、蓮田さん、どうしたの。

蓮田▶実は、仏法対話している友人から「祈りが叶う信仰なら、俺も〝楽してお金を稼げるように〟って、祈ってみようかな」って言われちゃって……。

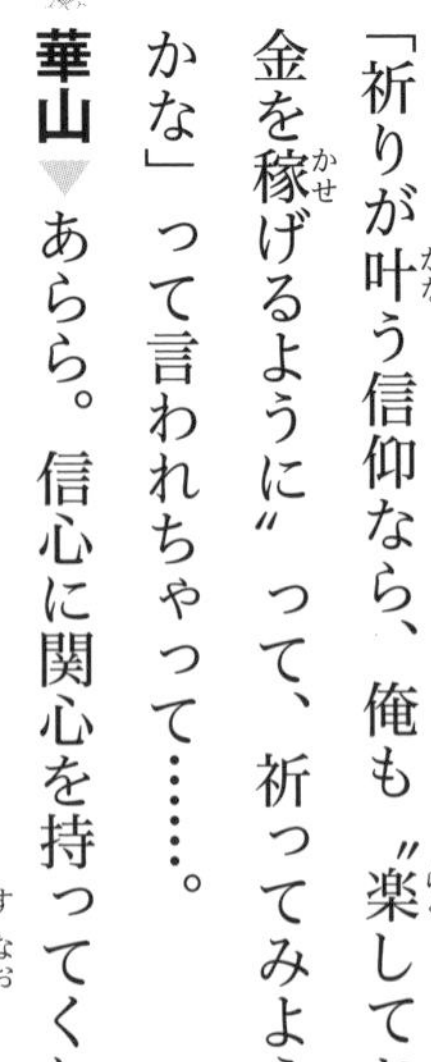

華山▶あらら。信心に関心を持ってくれたのは良かったなと思うけど、素直に喜

んでいいのか、ちょっと虫がよすぎるような気もしますね。

蓮田　僕もそう思いました。だけど、本当にダメなことなのか、自分でも、なんだかスッキリしなくて、モヤモヤしているんです。

華山　確かにね。御祈念というと、「もうちょっと給料が上がりますように」とか、「仕事が順調に進みますように」といった現実的な願いごとが多いですしね。

白崎　その友人の場合は、〝楽して〟っていう安易な姿勢が気になるけど、自分の都合（つごう）のいいことを祈ってはいけないなんてことは、ないのよ。

蓮田　えっ、いいんですか？

白崎▼そう、いいのよ。最初は、みんな自分の悩みや願いごとから始まるんだから。だけど、祈っていく中で、きちんと納得できる結果が出るから、それが確信につながるのよ。

大木▼誰だって、入会したばかりの頃は、自分の仕事や健康のことなど、「自分の悩みや欲求が解決すること」を願って、御本尊に祈り、学会活動に励んでいるんじゃないだろうか。それが、信心を続けていくうちに、自分のことに加えて、だんだんと友人や周囲の人のことを祈れる自分へと変わっていったんじゃなかったかな？

華山▼私、それです。かつて職場に苦手（にがて）な先輩がいて、初めは「早くその先輩に、違う部署に移ってほしい」って祈っていたんです。でも、学会活動に励むうちに「まず自分自身が変わろう」と思うようになり、今では「その先輩に出会ったおかげで、成長できた」と感謝の題目を唱えられるようになったんです。

大木▼素晴（すば）らしい体験だね。最初は、自分のことで頭がいっぱいだったけど、偉大な妙法に縁（えん）することで、次第に、祈りも深まり、自分の境涯（きょうがい）が大きいものになっていったんだね。みんな、そうなんだよ。池田先生は、〝自分のことだけでなく、友のこと、家族のこと、社会、人類のことまでも祈れる信心になっていけば、そ

の分、大きな自分になっているのです〟と語られているんだよ。

蓮田▼なるほどー。

白崎▼祈るきっかけは、些細なことでいいんじゃないかしら。人の不幸を願う以外は大丈夫よ。でも、広宣流布を目指して前進している創価学会の中で戦っていれば、気がついたら、祈りも深まり、大きく境涯が広がっていくことは間違いないのよ。

A

何を祈っても大丈夫。信心が強まるほどに、祈りも境涯も深まっていく。

Q 〝一念が大事〟って言われたんですが、祈っていても雑念ばかりで……。

蓮田▼先日、男子部の先輩から、「一念を定めて、強く祈ろう」って言われたんです。それはすごく分かるんですが、正直言うと、祈っていても、いつも雑念ばかりで、なかなか真剣に祈れないんです。

華山▼私もそう。唱題していても、〝晩ご飯、どうしようかな？〟とか、〝明日、何を着ていこうかな？〟とか、気がついたら、全然、違うことを考えながら祈ってたりするんです。

大木▼みんな正直だね（笑い）。私も、唱題中、仕事のことや家族のことで、頭の中がフル回転！　なんてことがしょっちゅうなんだ。

蓮田▼みんなそうなんですね。少し安心しました（笑い）。雑念ってことでもう一つ。唱題している時に限って、メールとかＳＮＳの通知が頻繁（ひんぱん）に来たりして、ついつい目がそっちにいっちゃうこともあるんですよね。

華山▼あら、私も同じこと、あります。祈る時は集中しないといけないと分かっていながら、つい、メールが気になっちゃって。

大木▼確かに急な連絡があった時なんかは便利だけど、そこはお互い気をつけないといけないね。唱題中、ずっとスマートフォンをいじってたんでは、御本尊じゃなくて、スマートフォンに祈ってるみたいだね（笑い）。

白崎▼話を雑念のほうに戻しますけど（笑い）、池田先生は、「雑念がわいたってかまわない。人間だから当然でしょう。そのままの姿で、御本尊にぶつかっていけばいいんです……そういう雑念でさえも、題目によって、功徳（くどく）に変わるのです」って指導されているのよ。

蓮田▼じゃあ、雑念があってもいいってことなんですね。

大木▼そうだね。御本尊に祈る、その行為それ自体が尊いんだよ。池田先生は「祈っていて浮かび上がってくる雑念とか思いとかは、その時の自分が気になっている課題なのだから、雑念などと言わないで、なんでも、きちっと祈りに変えたほうがいいでしょう」と語られているんだ。

白崎▼私もかつては御本尊に向かう以上は〝こういう心構えであらねばならない〟って捉えていた時があったんだけど、今は、窮屈に考える必要はないんだって思えるようになったのよ。

華山▼そう思うようになったきっかけは何だったんですか？

白崎▼御書にね、「信心というのは、特別なことではないのです。子どもが母親から離れないように、御本尊を信じて南無妙法蓮華経と唱えることを信心というのです」（新一六九七ページ・全一二五五ページ、趣意）とあったの。その一節を知った時、素直な気持ちで、御本尊に向かっていけばいい、ありのままの自分の姿で祈っていけばいいんだって思えたのよ。

大木▼大切な御文ですよね。祈りの姿勢について、池田先生は「神経質になる必要はない。ともかく、ありのままの気持ちや姿で、題目を真剣に唱えていくことだ」「信心が強くなれば、自然のうちに一念が定まってきます」とも指導されているんだ。

蓮田▼なんだか、心が軽くなりました。

大木▼御本尊に見えを張（は）ったって、しょうがないしね。一念はもちろん大切だけど、もっと大切なことは、祈り続けるってことじゃないかな。どこまでも〝ありのままの自分〟で、御本尊にぶつかっていこう。

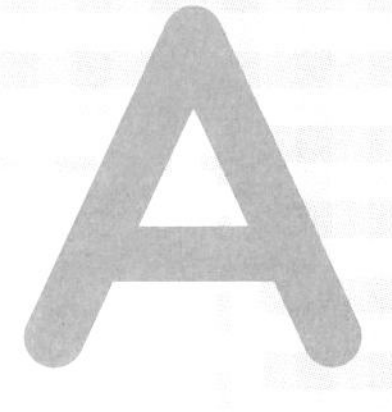

〝ありのままの自分〟で祈っていけばいいんだよ。

勤行の内容がチンプンカンプンなんですが……。

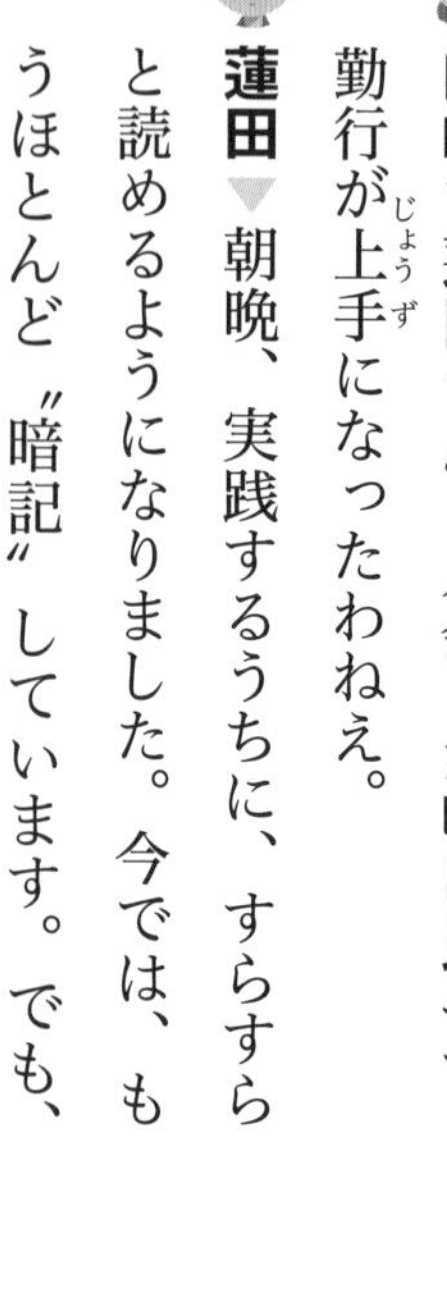

白崎▼蓮田さん、入会した頃に比べて、勤行が上手になったわねえ。

蓮田▼朝晩、実践するうちに、すらすらと読めるようになりました。今では、もうほとんど〝暗記〟しています。でも、スムーズに読めるようになっても、意味はチンプンカンプン……。男子部の先輩に聞いたら「内容は分からなくてもいいんだよ」と言われたんですが、そうなんでしょうか？

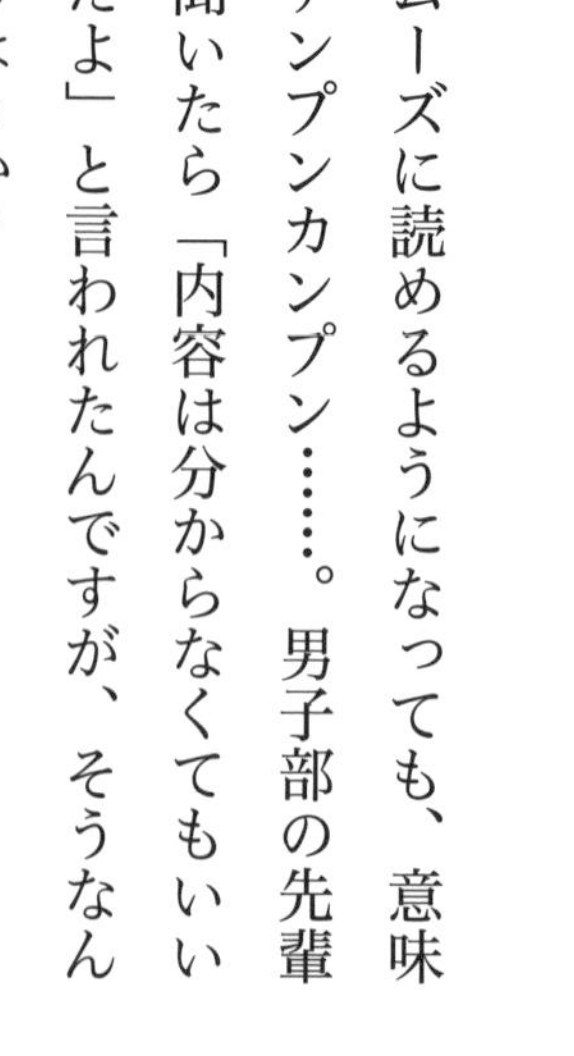

大木▼大丈夫！　経文の意味が分からなかったとしても、しっかり功徳を得られるんだよ。日蓮大聖人は、こう言われているんだ。「赤ん坊は水と火を区別できず、毒と薬の違いを知らないが、乳を口に含めば命を延ばすことができる。それと同じく、経典に通じていなくとも、一字一句でも法華経を聞いた人は仏にならないわけがない」（新一四二二ページ・全一〇四六ページ、趣意）とね。

華山▼大聖人の譬えは、本当に分かりやすいですね。確かに、赤ちゃんは、お乳の成分など何も知らないけれど、無心に飲み続けることで成長しますもんね。

蓮田▼御書の一節を教えてもらって、安心しました。だけど、〝知らなくてもいい〟と言われると、逆に知りたくなりますね。

大木▼その求道心、大事だね。この仏法は、学んだ分だけ確信が深まるから。

華山▼私は、先日から池田先生の『新版法華経　方便品・自我偈講義』を学び始めたところなんです。経文の一文一句について丁寧に教えてくださっていて、感激です。

白崎▼うちにもあるから、今、持ってくるわ……。あったわ、これよ。

華山▼私が感動したのは、勤行・唱題の意味について語られたところなんです。「宇宙の根本の妙法を、そしてまた仏様を、最高最善に讃嘆する詩であり、歌であると言ってもよいでしょう。それは同時に、永遠なる宇宙生命の讃歌であり、自分自身の仏界を讃嘆していることでもある」と。

白崎▼「自分自身の仏界を讃嘆する詩」「宇宙生命の讃歌」だと思うと、毎日の勤行って、なんだかロマンチックねえ。

蓮田▼でも、「自分自身の仏界を讃嘆」って、どうしてそう言えるんですか？

大木▼蓮田さん、突っ込んでくるね（笑い）。例えば、寿量品の自我偈は「自我得仏来」の「自」から始まり、「速成就仏身」の「身」で終わっている。日蓮大聖人は、この最初の「自」と、最後の「身」を合わせて「始終、自身なり」（新一〇五八ページ・全七五九ページ）と教えてくださっているんだ。

白崎▼つまり、自我偈は、終始一貫して、仏の「自身（生命）」を讃嘆したものであり、同時に私たち「自身」の三世にわたる〝仏の生命〟をたたえているのよ。

蓮田▼入会する前に、〝この仏法を信じれば、誰もが本来具えている仏の生命を涌現させることができる〟と教わりました。実は、日々の勤行の中で、自分自身の仏界をたたえているんですね。

大木▼そうと分かれば、これまでにもまして、勤行をするのが楽しくなるね！

A

分からなくても功徳は同じだから大丈夫！学べばいっそう確信が深まるよ。

Q 未来部員から「なんで勤行するの？」って聞かれました。

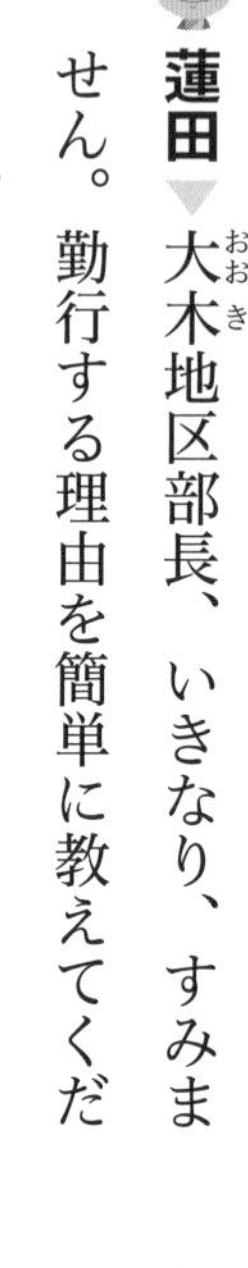

蓮田▼大木地区部長、いきなり、すみません。勤行する理由を簡単に教えてください。

大木▼おやおや、蓮田さん、突然どうしたんだい？

蓮田▼この前、未来部員会があって、その時、未来部員から、「なんで勤行するの？」って聞かれたんです。僕なりに簡単に説明しようと思ったんですけど、これがなかなか難しくて……。

白崎▼確かに教学的な話をしても、まだ理解できないかもしれないし、分かりやすく話すのって、ホント難しいわよね。

蓮田▼そうなんですよ。

白崎▼もしかしてなんだけど、その未来っ子、親から「勤行しなさい」ってうるさく言われて、反発してるんじゃないかしら？

華山▼だとしたら、その子の気持ち、少し分かる気がします（笑い）。

白崎▼あれ？　もしかして、華山（はなやま）さんもそうだったの？

華山▼いえ、私は、親から「勤行しよう」と言われて素直（すなお）にやってきたほうかな？　でも、時折（ときおり）、勤行できないことがあって、〝罰（ばち）があたるんじゃないか〟と、後ろめたく感じていたこともあるんです。

白崎▼真面目（まじめ）な華山さんらしいわね（笑

い）。でも、勤行ができなかったとしても、罰なんてあたりませんよ。

蓮田▼ホントですか？　ちょっと、いや、かなり、ホッとしました（笑い）。

大木▼池田先生は、勤行・唱題について、「一遍の題目にも、限りない功徳がある」（新五三一ページ・全九四〇ページ、趣意）との御文を通して、「いわんや、真剣に勤行・唱題を続けたら、どれほどすばらしいか。全部、自分のためです」「やった分だけ、自分が得をする」と指導されているんだ。

華山▼〝やった分だけ、自分が得をする〟っていうのは、とても簡単で分かりやすいですね。

蓮田▼でも、どんなふうに得なんでしょうか？

大木▼そこだよね、大事なのは。私が思うのは、勤行に励んだ分、生命力が湧くってことなんだ。〝よし、やろう〟という勇気だったり、〝何があろうと負けないぞ〟という情熱だったり、希望だったり、〝こうすれば勝てる〟といった智慧だったり……。それとともに、「妙法は活の法門」と言われているように、努力も挫折も、成功も失敗も、全て「活かされていく」ことにあると思うんだ。人生に無駄がなくなるし、全てのことが、自分を成長させる糧となって、生かされていくんだ。

蓮田▼なるほどー。それなら、伝えられる気がしてきました。

白崎▼その上で大切なことは、やっぱり自身の体験を語ることじゃないかしら。勤行に励んだ結果、どうなったのか、そのところをきちんと話せば、未来部員も納得してくれると思うんだけど、どうかしら？

華山▼私も賛成！　「論より証拠」ですね。

大木▼未来の学会を担う、宝の未来部員だもの。共々に大きく成長していこう。

勤行は、やった分だけ自分が得をする。全て生かされる。

勤行・唱題を頑張れば、折伏しなくてもいいですか？

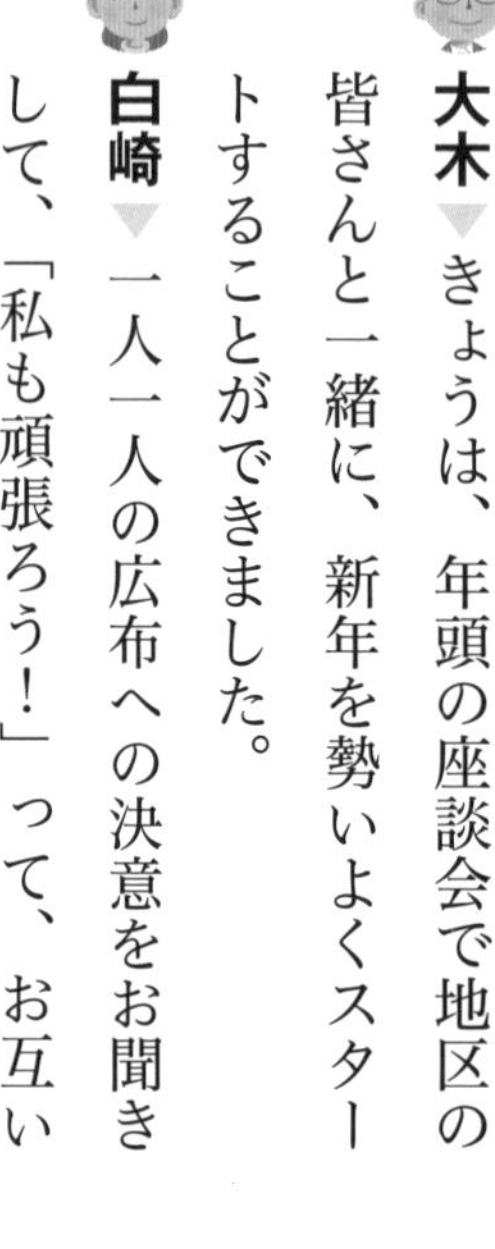

大木▼きょうは、年頭の座談会で地区の皆さんと一緒に、新年を勢いよくスタートすることができました。

白崎▼一人一人の広布への決意をお聞きして、「私も頑張ろう！」って、お互いが元気と勇気をもらい合えましたね。

蓮田▼あのー、地区部長。この前、男子部の部活でも、皆で年頭の決意を語り合ったんですけど、みんな「さあ折伏だ！」って盛り上がっている中で、ある人が「折

伏は苦手なので、勤行・唱題を頑張ります」と言っていたんです。勤行・唱題を頑張れば、折伏しなくてもいいんでしょうか？

大木 なるほど、とても大事なことだね。では、いきなりだけど、ここで質問です。そもそも信心の目的は何でしょうか？

華山 幸せになることだと思います！

大木 そうだよね。信心の目的は「一生成仏」で、どんなことにも負けない絶対的幸福境涯を築くことです。でも、同時に「広宣流布」という目的もある。あらゆる人々が正しい仏法を実践し、その結果、みんなが、社会全体が幸福になっていくことです。この「一生成仏」と「広宣流布」は、連動しているんだ。

蓮田 なるほどー。だとしたら、日蓮大聖人は「我もいたし、人をも教化候え」（新一七九三ページ・全一三六一ページ）と仰せですし、やっぱり折伏しないと、信心している意味ないですよね！

大木 まあまあ落ち着いて。かつて戸田先生は、学会員の中には、口下手だとか、気があまり良すぎるとかで折伏が苦手な人もいるとされた上で、〝本人が喜んで信仰しているのならそれでいい。その人に「あなた！　折伏しなくちゃダメよ！」と言ったってしようがない〟と指導されたことがあるんだ。

蓮田 じゃあ、折伏しなくていいってことですか？

大木▼そうじゃないんだな、これが。続きがあるんです（笑い）。戸田先生は、その上で、「ただその人を、本当に信心させるようにすればよい。『御本尊は本当にすばらしい』ということが、ちゃんと分かってくれれば、自然に、その人は他の人に言う。それが、そのまま、折伏になるのだ」と語られたんだよ。

華山▼勤行・唱題も折伏も、どちらも大事ってことですね。勤行・唱題に励んで自身の課題を乗り越えた時って、喜びがいっぱいで、誰かに話したくなるものですよね。

蓮田▼折伏を決意して、どうすれば友人が幸せになるか悩むことで、唱題にいっそう熱が入って、自分自身が成長できる、ということもあります。

白崎▼仏法には、一切、無駄はないのよ。池田先生は「折伏を地道にやってきた人は、福運の土台がコンクリートのように固まっている。強い。魔に破られない」と語られているの。毎年のように弘教を実らせてきた多宝会の方を見ていると、本当にそうだなあって思います。その方は「唱題はもちろん、折伏に励んできたことが、幸福の因になったと確信しています」と語ってました。

大木▼「御義口伝」には「南無妙法蓮華経は、自行・化他に亘るなり」（新一〇四二ページ・全七四七ページ）と仰せです。勤行・唱題の「自行」と、折伏・対話の「化他」は、ちょうど車の両輪のようなものです。両方頑張っていこうとする挑戦の中にこそ、大きな前進も成長もあるし、無量の功徳が輝くんです。さあ、広布の大誓願に燃えて、わが地区も前進していこう！

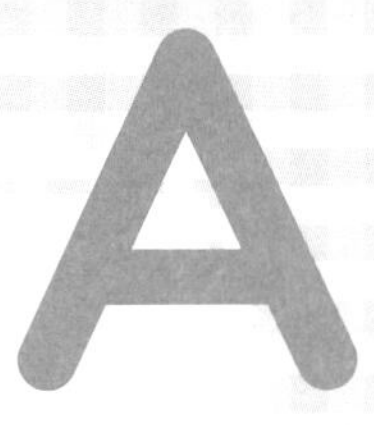

自行と化他は信心の両輪。両方頑張ろうとする心に無量の功徳が輝くんだ。

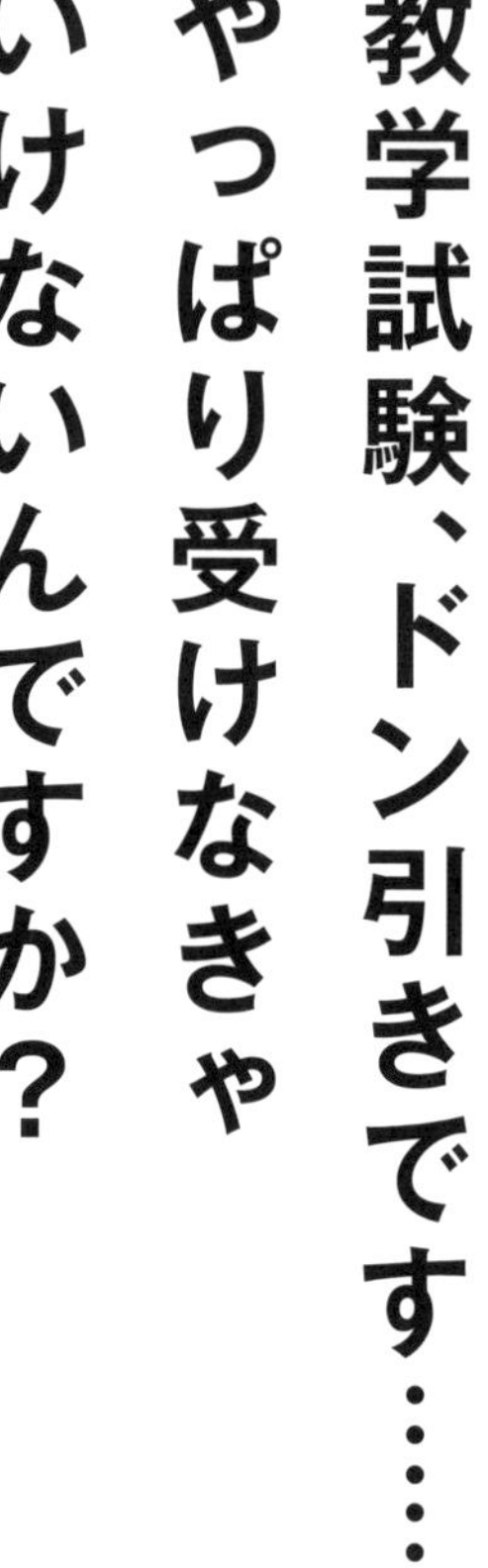

Q 教学試験、ドン引きです……。やっぱり受けなきゃいけないんですか？

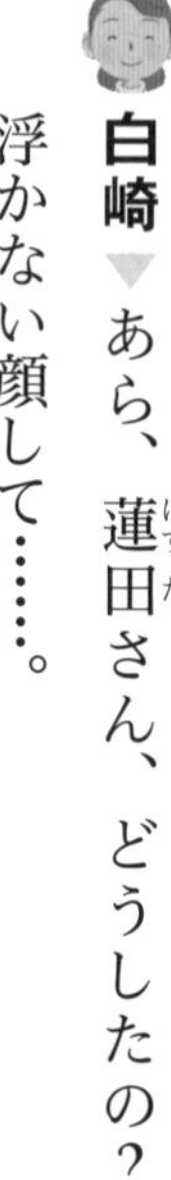

白崎▼あら、蓮田さん、どうしたの？浮かない顔して……。

蓮田▼男子部の先輩から、任用試験を受けようって勧められたんですけど、正直、「試験」って聞くだけで、ドン引きなんですよね……。

大木▼ひょっとして、試験が苦手なのかい？

蓮田▼はっきり言って、試験は嫌いなんです。昔から、試験って、いい思い出がないんですよ。だいたい、落ちたりしたら恥ずかしいし、いやじゃないですか。教学の勉強はいいんですけど、やっぱり受験しないといけないんでしょうか？

白崎 それはもちろん、受験したほうがいいですよね、地区部長。

大木 まあまあ、そう結論を急がないで（笑い）。実は私も昔、試験が大の苦手だったんだ。だから、蓮田さんの気持ちもよく分かります。

蓮田 えっ、そうなんですか。でも任用試験は受験されたんですよね？

大木 うん。入会して、しばらくしてから任用試験を受けたんだ。最初に試験の話を聞いた時は、仕事を理由に、断ろうと思ってたんだ。

華山 でも、断り切れなかった（笑い）。

大木 先輩の熱意に負けたんだよ。だけど実際に勉強してみたら、これが意外に楽しかった。十界論とか宿命転換といった仏法の法理は新鮮だったし、学会の歴史もきちんと分かって、「この信心って、本当にすごいな～」って感動したんだ。

白崎 私も任用試験を受験したことは、一生の思い出になっているんです。勉強の合間に、先輩が自分の信仰体験を話してくれたりしてね。勉強した内容ははっきり覚えてないけれど、あの時の強烈な体験談は忘れられないのよね（笑い）。

大木 そうそう。あと、先輩がラーメンをごちそうしてくれたこと。あのラーメン、おいしかったなあー。

華山▼あのー、話がだんだんそれている気がしますが……（笑い）。

大木▼ごめん、ごめん（苦笑い）。いずれにしても、任用試験の勉強をすれば、信心のすごさが分かってくるし、それがまた、大きな喜びになっていくと思うんだ。

池田先生は、「仏法を学ぶ喜びが、信心の確信を深める。その確信が、仏法を語る勇気を、満々と漲らせるのである」と教えてくださっているんだよ。

蓮田▼なんだか、任用試験ってすごいんですね。

白崎▼学会の大切な伝統ですからね。教える先輩の側にとっても、実は重要な機会になってるのよ。受験者に教えることで、もう一度、仏法の素晴らしさを学ぶことができるんですもの。

大木▼学会にとっては、人材育成の大事な運動だね。今回は、新しく立ち上がった壮年部メンバーも受験するし、地区としても、全力で取り組んでいこうと思っているんだ。

蓮田▼それで、地区部長の試験の結果はどうだったんですか。

大木▼痛いところを突くなあ（笑い）。実は、一回目の試験は直前に体調を崩してダメだったんだ。でも、負けおしみでなく（笑い）、本当に勉強してよかったよ。

学ぶ手ごたえがあった。

華山▼聖教新聞に出てましたけど、今は世界の多くの国で教学試験が行われているんですよね。この仏法を、言葉も文化も違う人たちが真剣に学んでいるなんて、本当にすごい時代ですね。

大木▼日本語で、そのまま御書が読める私たちが頑張らなかったら申し訳ないね。任用試験は世界最高峰の哲学を学ぶ最高のチャンス。一緒に頑張ろう！

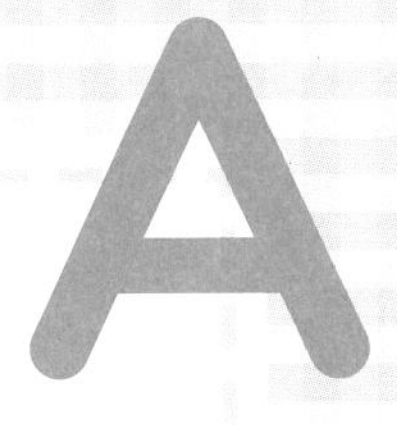

世界最高峰の哲学を学ぶ チャンス。勉強すれば 信心への確信が深まるよ。

長年、信心に励んできた母が病気に……。

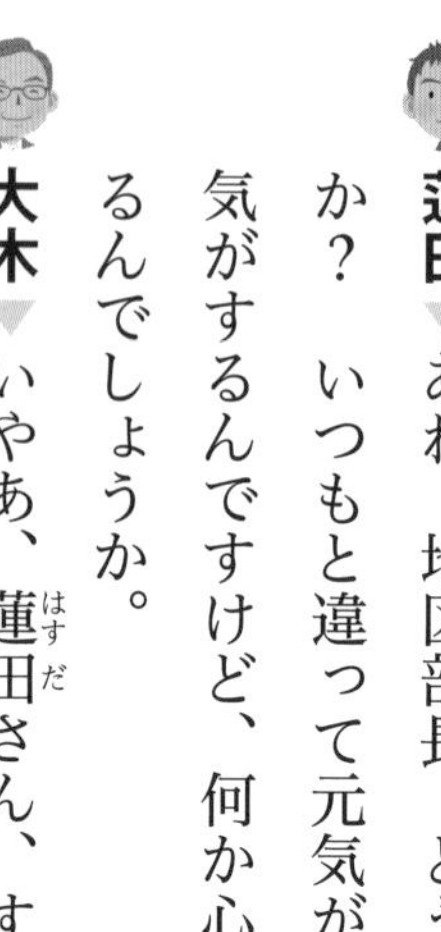

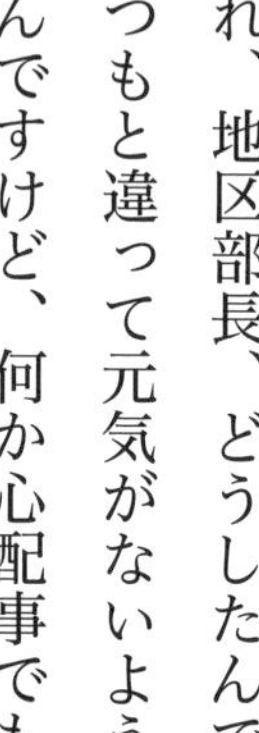

蓮田▼あれ、地区部長、どうしたんですか？ いつもと違って元気がないような気がするんですけど、何か心配事でもあるんでしょうか。

大木▼いやあ、蓮田さん、するどいなぁ。実は、田舎の母の体調がすぐれなくてね。これまでずっとピンピンしていたんだけど、こんなことは初めてだよ。

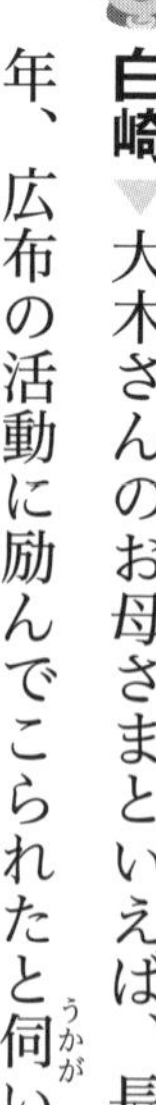

白崎▼大木さんのお母さまといえば、長年、広布の活動に励んでこられたと伺い

ました。たしか、地区部長が折伏（しゃくぶく）されたんですよね。

蓮田▼田舎のお母さまが病気だったんですね。しっかりと、お題目を送らせていただきます。

白崎・華山▼私たちも、お母さまの一日も早い回復と健康を御祈念させていただきます。

大木▼みんな、ありがとう。でも、こんなことを私が言うのもどうかと思うけど、生身（なまみ）の人間だし、高齢だから、いつかは病気になるって、頭では分かっていたんだけど、いざ病気になると、どうしても気持ちが追いついていかなくてね。「地道に信心に励んできた母なのに、なんで？」って思うと、唱題にもなかなか身が入らなくて……。

華山▼「理屈（りくつ）じゃ分かっているけれど、なかなか受け入れられない」っていう時、ありますよね。ましてや一番大切なお母さまのことですもの。

白崎▼ホント、そうよね。ところで、お母さま自身は、病をどう受け止めていらっしゃるんですか？

大木▼それがね、生来の楽観的な性格もあるんだろうけれど、「これでまた、お題目があがる」なんて言って、ますます闘志満々なんだ。今では私以上に頑張ってくれて、〝信心強盛の母に怖いものなし〟って感じなんだ。

白崎▼さすが創価の母！　人間ですから、誰だって病気になるのは避けられないけれど、お母さまは、紛動されずに「病魔」に対して、敢然と立ち向かわれているんですね。全然、負けてない。やっぱり、すごい。まさに女性部の鑑！

大木▼はっはーん。なるほど。「病魔」ねぇー……。そうか。蓮田さん、「病魔」に負けているのは、母じゃなくて、もしかして……。

蓮田▼いえいえ。私の口から、そんな大胆なことは言えません（笑い）。でも、病をどう信心で捉えていくか、御書や池田先生の折々のご指導を教えてくれたのは、地区部長でしたよ。

大木▼そうだったね（苦笑い）。当の本人が信心で乗り越えようと、毅然と闘っているのに、私がすっかり落ち込んで、闘う気迫を失ってしまったんでは、まさに病魔の思うつぼだね。

白崎▼そうですよ、地区部長。池田先生も「（病気との闘いは）すべてが幸福になり、勝利するための試練」と励ましてくださっています。私たちもお母さまの病魔をはじき飛ばす勢いで、お題目を送りますから、元気を出して頑張っていきましょう。

大木▼みんなに応援してもらって、こんなに心強いことはない。感謝、感謝です。みんなと話し合って、なんだかスッキリした。本当にありがとう。

A

病(やまい)は、幸福になり、人生に勝利するための試練。

人物紹介①

地区部長

大木確信さん

職業：会社員

好きな御書の一節：月々日々につより給え

メモ：20歳の時、友人から折伏を受け入会。青年部時代、数年間、学会活動から離れていたことがある。趣味は登山、ラーメンの食べ歩き。

地区女性部長

白崎励子さん

職業：主婦

好きな言葉：勝つことよりも負けないこと

メモ：毎回の座談会は、主に白崎宅で開催している。夫、子ども1人の3人家族。毎年、地元のお祭りの運営に携わっており、地域交流にも力を入れている。

第2章　日々の活動での疑問

Q 「3・16」まで頑張ったら、次は「5・3」。なんだか息つく暇（ひま）もないですよね……。

蓮田▼ついに「3・16」を迎えましたね！　いやあ、自分で言うのもなんですが、この日を目指して僕は頑張り切りました。多くの友人との仏法対話に挑戦できたし、仕事でも目標通りの成果を出せました。大勝利です！

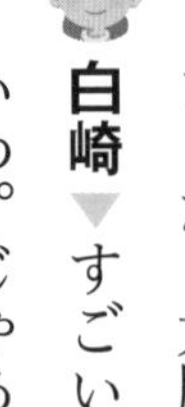

白崎▼すごいわね～。私も本当にうれしいわ。じゃあ、次は「5・3」を目指して、また頑張っていきましょう。

蓮田▼えっー……。やり切ったんで、少し休憩しようかなって思っていたんですけど（笑い）。「3・16」の次は、もう「5・3」ですか。なんだか息つく暇もないですよね……。

大木▼いやあ、女性部の勢いにはかなわないね（笑い）。蓮田さんの気持ちも分からないでもないけど、私たちは〝いつまでに、こうする〞という目標を持つからこそ、頑張れるんじゃないかな。

華山▼確かにそうですね。特に、こうした毎年の学会の記念日というのは大事な気がします。「十年後を目指して頑張ろう」というだけでは漠然としますけど、「一カ月後を目指そう」と言われると、がぜん、やることが明確になって力が入りますから。

大木▼そうだね。蓮田さんは、法華経に説かれる「化城宝処の譬え」を知っているかな。

蓮田▼いえ、知らないです。

大木▼こういう話だよ。――宝のある場所（宝処）を目指して、遠い道のりを進む隊商がいた。しかし皆、途中で疲れ果て、動けなくなってしまった。そこでリーダーは神通力で城をつくって、そこに人々を導いた。人々が十分に休息したあと、リーダーは城（化城）を消し去り、真の目標である宝のある城（宝処）は近い、と励ました――。

華山▼「化城」が仮の教えで、「宝処」

が真実の教えを譬えているんですよね。私たちで言えば、「化城」は途中にある目標で、「宝処」が広宣流布、みたいなイメージでしょうか。

蓮田▼なるほどー。でも、そうすると、重要なのは「宝処」で、「化城」は大事ではない、ということになりますね。

大木▼いや、そうではないんだ。日蓮大聖人は「化城即宝処」（新一〇二二ページ・全七三二ページ）と仰せになっていて、「化城」に向かう前進それ自体が、実は「宝処」なのだと教えてくださっているんだ。学会活動における「目標」は、ただの通過点ではない。「目標」に向かって挑戦することと、それ自体に人間革命があり、広宣流布があるということなんだよ。

白崎▼池田先生は、この「化城宝処」の譬えを通して、「目標に向かって、懸命に挑戦する、ひたぶるに戦う。歯をくいしばって道を開いていく——振り返ってみれば、その時は苦しいようでも、じつはいちばん充実した、人生の黄金の時なのです。三世のドラマの名場面なのです」と言われているのよ。

大木▼何より、学会の記念日には、一つ一つ深い意義がある。「3・16」は「広宣流布記念の日」で、弟子が師弟の魂のバトンを受け継ぐ日だ。「5・3」は戸田先生、池田先生の会長就任の日です。師匠が不惜身命で戦ってくださったからこそ、今日(こんにち)の世界的な創価学会の発展がある。

華山▼私たちは、そうした歴史を学ぶとともに、一つ一つの記念日を節目として、挑戦を重ねていくことが大事なんですね。

大木▼さあ、「5・3」を目指し、皆で力を合わせて頑張っていこうよ。

白崎▼そうですね。そのためにも明確な目標が大切です。さっそく、皆で決めましょうか（笑い）。

A

目標を目指して活動するからこそ、人間革命ができる。

Q 広布史の話で盛り上がっていても、知らないので寂しい。

白崎▼桃園さん、仕事で忙しい中、きょうは座談会に駆け付けてくれて、ありがとう。おかげで座談会場が、パッと明るくなりました。

蓮田▼あれーっ？　それって、遠回しに男子部をディスってる（＝否定する）んですか？（笑い）

白崎▼いやいや、違うわよー。青年部の存在は、皆、頼りにしてるし、感謝してるわよ。悪口なんかじゃないわよ。

蓮田▼分かってますよ、女性部長。ちょっと一言、言ってみただけです（一同笑い）。

桃園▼学会の同志って、いつも笑いがあって、温かくて、なんだか本当の家族みたい。私、座談会に来ると、すごく楽しいし、元気になるんです。でも……時々、寂しく感じることも、あるんです。

白崎▼あら、どうして？

桃園▼私、入会して、さほど日がたってないじゃないですか。だから、学会の歩みとか、地域の記念日になってる原点とか、皆にとっては共通の話題なんだろうけど、私、何も知らないから、ちょっと疎外感を感じちゃうんです。

蓮田▼それ、僕も分かるなぁ。草創期の話なんかを聞いてても、すごいなー、うらやましいなーって思うと同時に、学会の歴史とか、全然、かかわってないから、ちょっと残念なんだよね。

白崎▶その気持ち、分からないでもないわね。私も、当たり前だけど、「3・16」の儀式とか、関西の「雨の文化祭」とかに参加してないもの。

大木▶そうだよね。だからこそ、池田先生は、学会が歩んできた歴史を、私たちが追体験できるよう、小説『人間革命』『新・人間革命』をつづってくださったんじゃないだろうか。学会がどんな歴史を刻み、その時、先生はどんな思いで戦ってこられたのか、全て書き残してくださったと思うんだ。

白崎▶そうよね。私が思うのは、小説につづられた内容を、歴史的な出来事として知っていくだけじゃなく、また、その時代、その地域、その人に限られたものとして読むのでもなく、全部、今の自分に送られたメッセージとして読むことが大事なんじゃないかしら。

大木▶私もそう思うね。学会の歩みや歴史を、過去のもの、自分とは直接関係ない、遠いものと捉えるんじゃなく、全て今の自分の問題として、つまり信心で捉えていくことが大事だと思うんだ。

桃園▶そっかー。私、これまで、そんなふうに捉えたこと、なかったかも。

蓮田▶僕も、かな。

大木▶学会の歴史を知ること、さらに、学会と共に歴史を刻んできたことは大切だけど、それ以上に大切なことは、今、自分が、どんな思いで、どう戦おうと決意し、行動しているのか、それに尽きると思うんだ。とともに、今、私たちが戦っている毎日こそ、未来の広布史になっていくと、確信しているんだ。

桃園　なるほどー。私、入会してから日が浅いのを引け目に感じてたけど、少しスッキリしました。きょうは来て、良かった。やっぱ、座談会って最高！

A

だからこそ小説『人間革命』『新・人間革命』を読んでいこう。

Q

「団結」「団結」って言われるほど組織に縛（しば）られるようで、いやです。

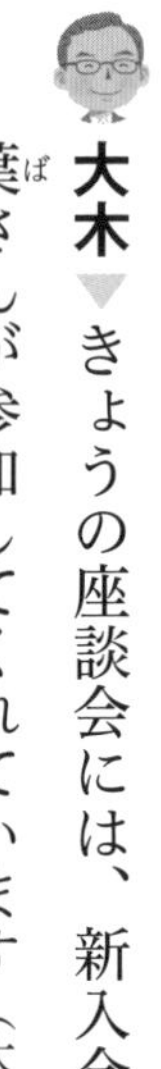

大木▼きょうの座談会には、新入会の桜（さくら）葉（ば）さんが参加してくれています（大拍手）。

桜葉▼よっ、よろしくお願いします。

白崎▼あら、すごく緊張してるようね。私たち、全然、怖（こわ）くないわよ（笑い）。

蓮田▼そういえば、僕もちょうど一年前、同じように地区部長に紹介されて、すごく緊張したなあ（笑い）。

大木▼懐（なつ）かしいねえ。それはそうと桜葉さん、きょうの座談会、どうだったかな？

何か分からないことや疑問があれば、何でも聞いてくださいね。

桜葉　えっと、あの……。

蓮田　遠慮しなくて大丈夫ですよ！　地区部長や女性部長が何でも丁寧に答えてくれますから。僕なんて、毎回、質問して、スッキリしてるんです！

華山　そうよ。蓮田さんが質問してくれるおかげで、いつも、私たちも勉強になってるのよ。

桜葉　じゃあ、感じたことを、そのまま言っちゃいますね。あの、気を悪くしないでほしいんですけど……。

大木　どうぞ、どうぞ。

桜葉　御書の内容は、難しいなーとは思いつつ、なんかすごいなーって思うんです。でも、きょうのように「団結が大事」って言われると、どうも僕に合わない気がするんです。「団結」「団結」って言われれば言われるほど、組織に縛られるみたいで……なんか、いやなんですよね。

蓮田　確かに、「団結」って難しいですよね。

大木　人が集まる以上、世の中にはいろんな「団結」の姿があるだろうけれど、学会の団結は「異体同心」というのを指標としているんだ。

白崎　日蓮大聖人は、「異体同心なれば万事を成じ、同体異心なれば諸事叶うことなし」（新二〇五四ページ・全一四六三ページ）

と仰せなのよ。

大木▼「異体」というのは、それぞれの個性、特質、立場などが異なるってことで、「同心」というのは、目的観や価値観が同じということなんだ。つまり、同じ目的に向かって、一人一人の可能性や個性を最大限に発揮しようとするのが「異体同心」なんだよ。

桜葉▼団結って、てっきり自分を抑えて、周りに合わせることだと思ってました。それだと自分の個性が消えちゃうんじゃないかって思ってたけど、違うんですね。

華山▼「一心同体」という言葉には、そんなイメージがありますね。

白崎▼そうね。「一心同体」ではなく、「異体同心」であるところが、日蓮仏法の特徴と言ってもいいんじゃないかしら。

大木▼実は、みんな仲良く、そして一人一人の個性や力を存分に発揮する姿の中に、広宣流布もあるし、仏道修行の目的もあるし、「信心の血脈」も流れ通っていくと仰せなんだ。池田先生も「『信心の団結』で仲良く前進し、自他ともに勝利する。これが学会精神の真髄です」と語られているんだ。

白崎▼学会といっても、人間の集団ですから、自分の思い通りに物事が進まなかったり、性格的に合わない人がいたりするかもしれないわね。でも、だからこそ信心によって団結していくことが大切なのよ。そうやって努力することで、自身の愚痴だったり、わがままだったりを、打ち破っていけるのよ。

桜葉　「イタイドウシン」だと、より成長した自分になっていけるんですか？

大木　その通り！　広宣流布という「志」を同じくして、何でも話し合いながら、仲良く前進していこうよ！　その中で一人一人の最高の「個性」が、ますます輝いていくんだ。

A

異体同心とは「志」を同じくすること。一人一人が個性を輝かせることなんだ。

Q 信心の世界に「勝ち組」「負け組」ってあるんでしょうか？

桃園▼あのー。きょうの御書講義で、疑問に思ったことがあるんですけど……。

大木▼おっと、どんなことだろう。

蓮田▼きょうは「この信心に励んでいけば、誰もが釈尊と等(ひと)しい境涯(きょうがい)になれる。釈尊と同じ功徳(くどく)を受けられる」（新一六八一ページ・全一二二五ページ、趣意）って学びましたね。

大木▼そうだね。

桃園▼そこのところが、ちょっと、ひっかかるんです。

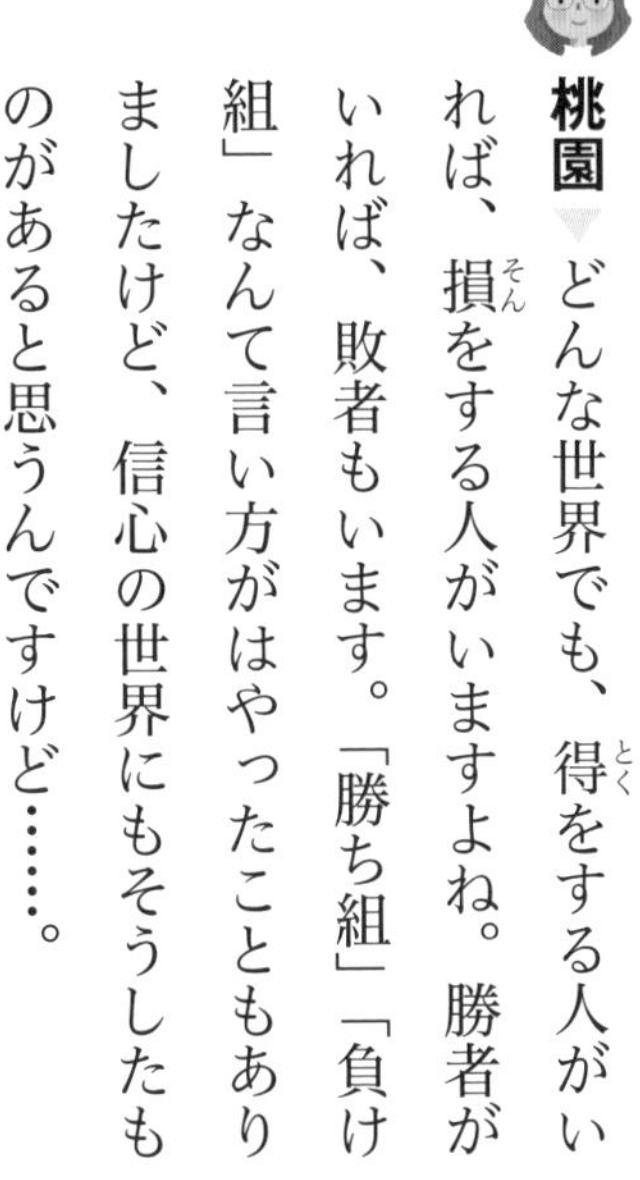

華山　あら、どうして？

桃園　どんな世界でも、得をする人がいれば、損をする人がいますよね。勝者がいれば、敗者もいます。「勝ち組」「負け組」なんて言い方がはやったこともありましたけど、信心の世界にもそうしたものがあると思うんですけど……。

白崎　あら、「勝ち組」「負け組」って、経済面や学歴、立場といった話よね。「蔵の財」「身の財」はもとより、何ものにも崩されない「心の財」を積んでいけるのが、信心の醍醐味じゃない。

桃園　私も信心に励むようになって、人のために尽くす喜びが大きいことを知りました。でも……。

大木　どうぞ遠慮なく、何でも言っていいんですよ。

桃園　学会の同志にもいろんな人がいますよね。たくさんの功徳を得て、悠々自適な生活を送っている人もいれば、地道に信心に励んでも、なかなか悩みが解決しない人もいます。それが〝誰もが釈尊

と同じ功徳を受ける〟って、ちょっと考えにくいんですよ。

蓮田▼僕もかつて仕事でいやな目に遭った時に、〝こんなに一生懸命に信心しているのに、なんで自分だけ〟って思ったことがあります。

大木▼確かに学会員の中でも、人それぞれ抱えている悩みも、乗り越え方も違います。日蓮大聖人は、功徳の現れ方はいろいろあることを挙げられた上で、「ただ肝心なことは、この法華経の信心をされるならば、現在および未来の所願は満たされるでしょう」（新一七一三ページ・全一二四二ページ、通解）と教えてくださっているんだ。

白崎▼そもそも「勝ち組」「負け組」ということ自体、他人と比較するところから生まれる言い方じゃないかしら。大切なのは、人じゃなくて、自分がどうであるか、ということだと思うのよね。

華山▼そういえば、指導集『華陽の誓い』の中で池田先生は、こう教えてくださっています。「大抵、人を見ると、自分と比べてしまう。もちろん、人から優れた点を学ぼうという気持ちは大事だ。しかし、『あの人はいいな。幸福そうだ。立派そうだ』と、うらやんでも、つまらない。何にもならない。自分自身を磨いて、自分自身が生きがいを感じて、生きていくのが勝利の人なのだ」

白崎▼そうよね。何よりも大切なのは、自分自身との戦いに勝利することなのよ。

大木▼ 多くの学会員が、信心を根本に人生の課題に挑戦し、乗り越えていこうと奮闘しているんだ。

桃園▼「勝ち組」「負け組」という考え方自体がないんですね。

大木▼ 仏法に生き抜いた人に、敗者などいません。何があっても、自身の可能性を最大に発揮し、自らの人生を幸福で彩っていく――。そのための信仰なんだよ。

周りと比較するのではなく、自らの人生を幸福で彩っていくための信仰です。

「戦いだ！」「戦おう！」という言葉にびっくりしました。

桜葉▼御書の中に「法華経の兵法」ってありましたけど、そもそも「兵法」ってなんですか？

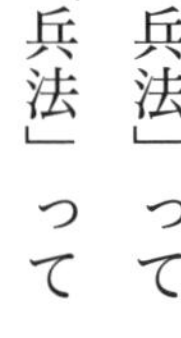

白崎▼「孫子の兵法」という言葉もあるように、戦の仕方や剣術という意味じゃないかしら。

桜葉▼座談会でも「戦いだ！」「戦おう！」という言葉を何度も耳にしました。創価学会は「平和の団体」だと教わったのに、正直、びっくりしました。

華山▼私たちは「戦う」という言葉を当たり前のように使いますから、あまり抵抗ないけれど、確かに聞き慣れない人は驚くかもしれませんね。でも、私たちの場合、朝に勝つのも「戦い」だし、仕事や生活も「戦い」、もちろん学会活動も「戦い」になるのよ。

大木▼御書を繙くと、私たちが目指している広宣流布は、「戦い」であることがよく分かるよ。日蓮大聖人は「第六天の魔王は、十の魔軍をひきいて戦を起こし、法華経の行者と生死の海の中にあって、凡夫と聖者が同居する汚れた国土を取られまい、奪おうとして争っている」（新一六三五ページ・全一二二四ページ、通解）と記された上で、「日蓮その身にあい（相）あたり（当）て、大兵をおこし（起）て二十余年なり。日蓮、一度もしりぞく（退）心なし」（同ページ）と断言されている。

蓮田▼大聖人の御生涯を振り返ると、まさに「戦い」の連続ですもんね。

白崎▼別の御書には、「仏法と申すは勝負をさきとし」（新一五八五ページ・全一一六五ページ）とも仰せだわ。池田先生は、この御文を拝して「仏法は勝負であり、人生も勝負です。仏法は、仏と魔との戦いという生命の根本の闘争に万人が勝っていけるために説かれたと言っても過言ではない。魔を打ち破って成仏を遂げるか、魔に負けて迷妄の人生を送るか。人生における仏法の意義は、究極するところ、この根本的な勝負に勝つことにある」と教えられているのよ。

蓮田▼「もうダメだ」という諦めの心や、「これくらいでいいや」という惰性の心に負けてしまうのか、それとも、「何があろうと乗り越えてみせる」「さあ、もっと頑張ろう」と奮起するのか。確かに、自分の心の中では、いつも闘争が繰り広げられているんですね。

大木▼学会員は、どんな課題に対しても、前向きになって取り組んでいるんだ。常に真剣勝負で挑んでいるからこそ、「戦い」という言葉になるんだよ。

華山▼私も学会活動において〝絶対に友人を幸せにしよう〟と決意して頑張っています。皆さんが常日頃から「戦い」という言葉を使うのは、〝必ず実現させる〟という、強い決意の表れではないでしょうか。

桜葉▼なんだか「戦い」という言葉に込められている熱い思いが、伝わってきました。

白崎▼人生は、勝つか負けるか、二つに一つ。私たちは〝絶対に成し遂げてみせる〟と決めて、題目にも学会活動にも励んでいきましょう。その分、自分自身の境涯（きょうがい）も広がると確信し、自分自身の新たな歴史を開きましょう！

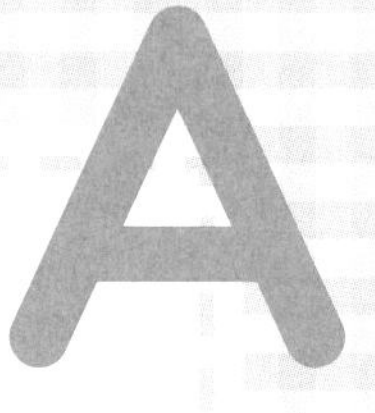

「絶対に成し遂（と）げてみせる」と真剣勝負で挑（いど）んでいる決意の表れ。

Q 学会活動や地域活動など、皆さん、大変ですよね。どうして人のために頑張れるんですか？

蓮田▼白崎（しらさき）女性部長、この前、町内会のイベントで役員をされてましたよね。

白崎▼そうなのよ、もう何年もやってるのよ。

蓮田▼そうでしたか。いやー、女性部長、すごいなーって思って。

白崎▼どうして？

蓮田▼学会活動もあるし、ただでさえ忙（いそが）しいのに、大変じゃないですか？　あらためて感じましたが、どうして人のために、そんなに頑張れるんですか？

白崎▼別に特別なことじゃないわよ（笑い）。いろんな人と会って、おしゃべりできるし。なんだかんだで、楽しいし。

大木▼私も、子どもの学校の行事なんかはなるべく顔を出して、協力できることはするようにしてるんだ。最近は、地域の知り合いも増えてきたなあ。

蓮田▼地区部長もですか？　皆さん結構、いろんな地域の活動に参加しているんですね。

白崎▼今は少子高齢の時代だし、都市部ではオートロックマンションが増えて、住民同士のつながりが薄（うす）くなってきているじゃない。だからこそ、積極的に多くの人と交流していくことが大切だと思うのよね。

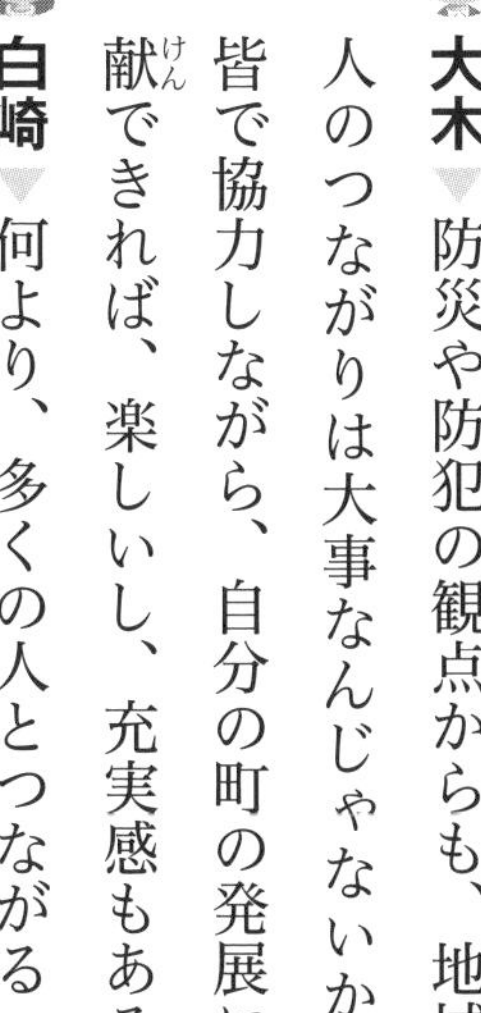

大木▼防災や防犯の観点からも、地域の人のつながりは大事なんじゃないかな。皆で協力しながら、自分の町の発展に貢（こう）献（けん）できれば、楽しいし、充実感もある。

白崎▼何より、多くの人とつながるっていうのは、自分の人生が豊かになる感じがするわよ。

華山▼そう考えると、地域活動もそうですけど、私たちの学会活動って、本当に大切ですよね。

白崎▼確かにそうね。あちこち訪問激励に歩いているから、地域の高齢者や一人暮らしの方の状況もよく分かっているから、何かあったとしても、すぐに駆け付けられるものね。

大木▼地域活動もそうだけど、未来部育成の活動だって、すごいことと思うよ。皆が総力を挙げて「未来の宝」である子どもたちを育てていこうというんだから。

華山▼私たちの仏法対話、友好対話も、そうですよね。一つ一つの縁や出会いを大切にして、心を結んでいくことは、人々が孤立しがちな今の社会で、とても大切なことだと思います。

大木▼池田先生は、地域における私たち学会員の使命について、「皆、大聖人から、直接、使命の国土をまかせられた、地域の幸福責任者である。楽しく賢く対話を重ね、仏縁を結びながら、わが天地に、『立正安国』の楽土を築き広げてまいりたい」と言われているんだ。

蓮田▼「幸福責任者」ですか……。当たり前のようにやっている私たちの学会活動に、こんなに深い意義があったとは……。もっと深い自覚を持って頑張らないといけないんですね（笑い）。

白崎▼自分だけでなく、他者の幸福、地域や社会の繁栄と平和を実現していくのが、この仏法の目的なのよ。何より、人のために行動すれば、自分の境涯が大きく開ける。皆、そのことを実感しているから、人のために進んで行動できるんじゃないかしら。

大木▼そうだね。私たちも「地域の幸福責任者」の自覚に立って、はつらつと行動していこうよ。

華山▼日蓮大聖人は「その国の仏法は貴辺にまかせたてまつり候ぞ」（新一九五三ページ・全一四六七ページ）と仰せですね。

大木▼そう。仏法によって、その地域が発展していく。そのためには、責任を持って主体的に行動することを教えられているんだよ。

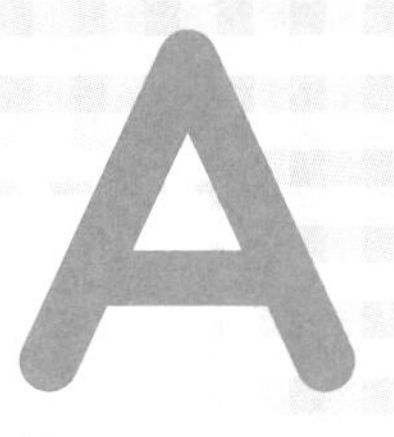

自他共の幸福が仏法の目的だからよ。人のために動けば、自分の境涯が開けます。

Q 学会の人って、どうして〝陰（かげ）の戦い〟を大切にするんですか？

桜葉▼この前、男子部の会合で、先輩が〝陰（かげ）の戦い〟が大事だって言っていました。それって、創価班とか牙城会とか、目立たないところで頑張ることですよね？

大木▼男子部もそうだけど、そうしたグループは、壮年部や女性部にもあるんだよ。また、それ以外にも、さまざまな場面で〝陰の戦い〟を担っている方々がいるんだ。

桜葉▼僕なんか、まだ時間に余裕があるほうだからいいですけど、中には仕事で超多忙な人がいるんです。そんな中で、よく任務なんてつけるなーっと思って。どうして、そこまで頑張れるんですか？

華山▼ホント、そう。普通、職場なんかでも光の当たる、華やかな部署で働きたいっていう人がほとんどで、裏方の仕事には見向きもしないっていう感じです。

白崎▼確かに、一見、陰の役回りは、あまりしたくないというのが、世間の本音かもしれないわね。

大木▼そうした中で、学会が〝陰の戦い〟を大事にしてきたのはね、見えないところでの「支え」があってこそ、広布の戦いを進めることができるからなんだ。特に青年時代は、そうした労苦にあえて挑戦し、人間として大きく成長していってほしいと思うね。

桜葉▼人間としての成長……ですか？　そういえば、僕も、会合の役員につくようになって、分かったことがあるんです。仕事を終えてから、決められた時間までに会館に行くのがこんなにも大変だったんだってことや、会合の運営をすること自体が簡単じゃないんだってことです。会合っていつもスムーズに進んでいますよね。でもそれって、陰で頑張ってくれている人がいるからこそなんだって、運営する側になって初めて分かったんです。

大木▼陰で頑張る人の気持ちが分かるようになった！　それだけでも大成長だよ。そういえば、私も若い頃、よく任務に遅刻しそうになって、駅から会館まで、汗だくになって走ったなー。おかげで体も鍛えられました（笑い）。

白崎▼地区部長の思い出話は、いつも話が脱線するからちょっと置いといて（笑い）、池田先生も、青年部時代から、さまざまな行事の責任を担い、陰で支えてこられたのよ。陰の人の大変さを誰よりも分かってくださっているからこそ、先生は、役員をはじめ、見えないところで学会を支えている方々に深く感謝し、その労苦をたたえてくださっているの。

華山▼そういえば、会合があった時、池田先生が会場の外にいる役員を激励されたり、会館を訪問された時には、警備室で黙々と奮闘している役員を真っ先に励まされたりしたという話を、聞いたことがあります。

桜葉▼へー、初めて知りました。

大木▼先生は、こう言われているんだ。「労苦こそが、人間を輝かせる。また、自分が苦労してこそ、他人の苦労が分かる」と。

白崎▼御書にも「陰徳あれば陽報あり」（新一六一三ページ・全一一七八ページ）、「かくれての信あれば、あらわれての徳あるなり」（新一八五〇ページ・全一五二七ページ）と

あるの。

大木▼大聖人御自身も、門下の活躍の陰には、家族の支えがあることを何度も、つづられているね。

白崎▼ええ。広宣流布を支える労苦は、陰であっても、いいえ、陰だからこそ、人間的にも大きく成長できるし、より大きな功徳となって、全部自分に返ってくる――そう確信して、頑張っていきましょう。

そこに人間としての成長など、大きな功徳があるからよ。

Q こんなに頑張っているのに功徳（くどく）が出ません。

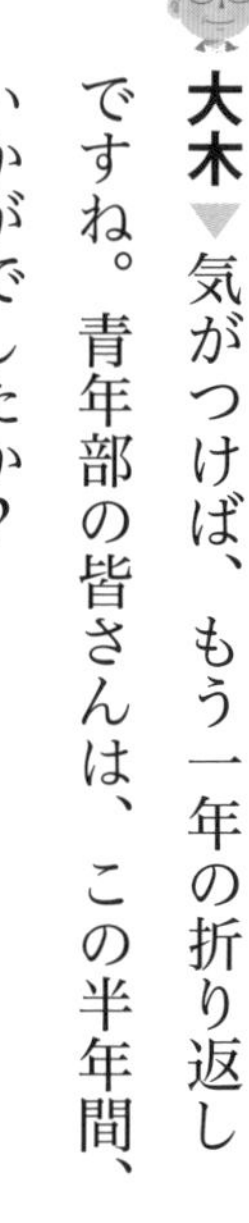

大木▼気がつけば、もう一年の折り返しですね。青年部の皆さんは、この半年間、いかがでしたか？

蓮田▼よくぞ聞いてくださいました、地区部長。この前、任されていた大きな仕事が大成功したんです。これで、仕事漬（づ）けの毎日から解放されると思うと、うれしくて、うれしくて！

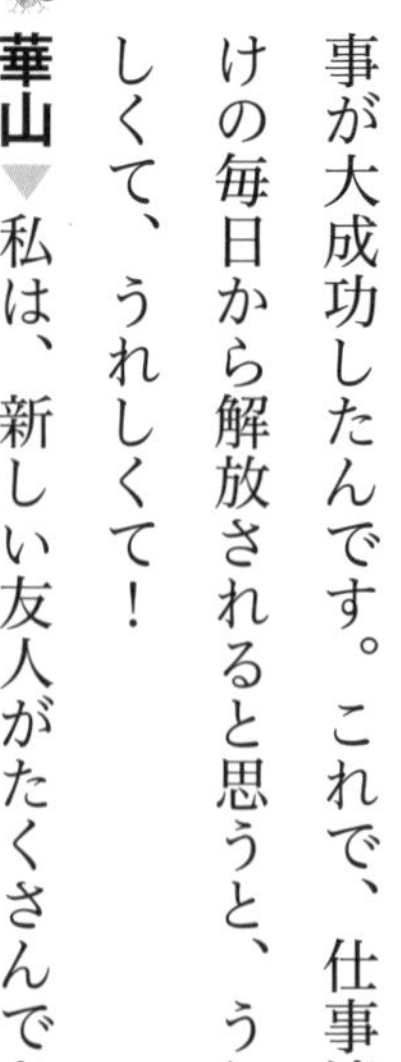

華山▼私は、新しい友人がたくさんできました。それが一番、良かったなって思

います！

桜葉▼いいなぁ。僕は、何にもないです（笑い）。こんなに頑張っているのに、功徳が出ないんです……。まだまだ題目が足りないってことでしょうか。

白崎▼あら、すごいわね、桜葉さん。もしかしたら、一番、大きく成長したのは桜葉さんかもしれないわね（笑い）。

桜葉▼えっ、どういうことですか？

大木▼だって、以前の桜葉さんだったら、「功徳が出ない」って落ち込んでたんじゃないかな？　それが、まだまだ唱題に頑張ろうと決意しているんだから、見違えるような大成長ですよ。

桜葉▼なんか照れくさいなぁ（笑い）。でも自分では、全然変わったようには思えないですけど。

大木▼若木の成長は、一日や二日では分からないよね。でも、一年、二年たって見ると、びっくりするほど大きく育っているものだよ。人の成長もそれと同じなんだ。

華山▼功徳って目に見えるものばかりじゃないんですね。私も、学会活動を通して、少しのことでは落ち込まない自分になれたのが、一番の功徳かなって思っています。

白崎▼御本尊の功徳には「顕益」と「冥益」の二つの種類があるのよ。病気が治ったとか、仕事で成功したとか、人間関係がうまくいくといった、目に見えるのが「顕益」。さっき地区部長が言ったように、変わっていないように見えて、長い目で見れば幸福になっている、成長しているというのが「冥益」なの。

蓮田▼なんか「冥益」のほうがすごそうですね。

桜葉▼いや、僕はやっぱり「顕益」が早く欲しいです（笑い）。

大木▼うーん、比べるものじゃないんだよ。功徳の出方は人それぞれ違う。顕益が早く出る場合もあるし、遅い場合だってある。それ自体にも意味があるんだ。

白崎▼池田先生の指針にこうあるのよ。「根本の冥益は絶対であり、大事な時の顕益もまた厳然である。現在、そして未来の『所願満足』を確信して、まず祈りから始めよう！　祈り抜く、祈り切る——ここにこそ、常勝の方程式があるからだ」

大木▼〝あとで振り返った時に「一番良かった」という形になっている〟というのは、多くの学会員の信仰の実感だよね。

白崎▼「祈りとして叶わざるなし」の御本尊であり、信心ですもの。功徳は必ず出ます。大事なのは、この確信に立って信心を貫き通すことじゃないかしら。

大木▼「上野殿後家尼御返事」の一節を拝しましょう。「いよいよ信心をいたさせ給え」（新一八三四ページ・全一五〇五ページ）。

A

功徳の現れ方は人それぞれ。信心を貫けば、振り返った時に「一番良かった」という形になっているよ。

どんな状況であれ、ますます、信心強盛に進んでいく重要性を教えられているんだ。私たちも、何があっても、何もなくても（笑い）、信心根本に前進していこう！

どうして みんな、そんなに決意ばっかりするんですか？

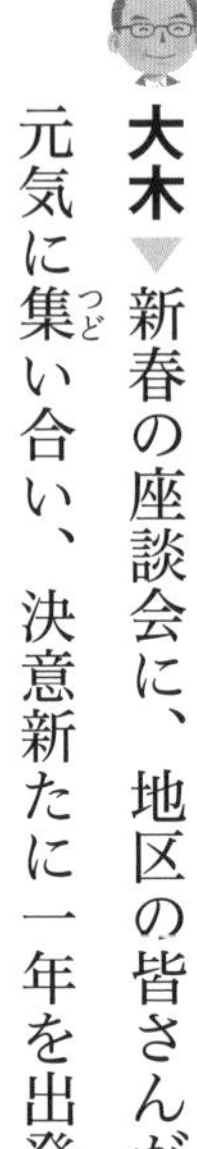

大木▼新春の座談会に、地区の皆さんが元気に集い合い、決意新たに一年を出発できましたね。

白崎▼皆さんの並々ならぬ決意を伺い、私たちも奮い立ちますね。

桜葉▼僕も皆の姿に、すごいなぁって思ったんですけど、でも、よくよく考えたら、年中、会合のたびに決意していたように思うんです。どうして学会員は、そんなに決意ばっかりするんですか？

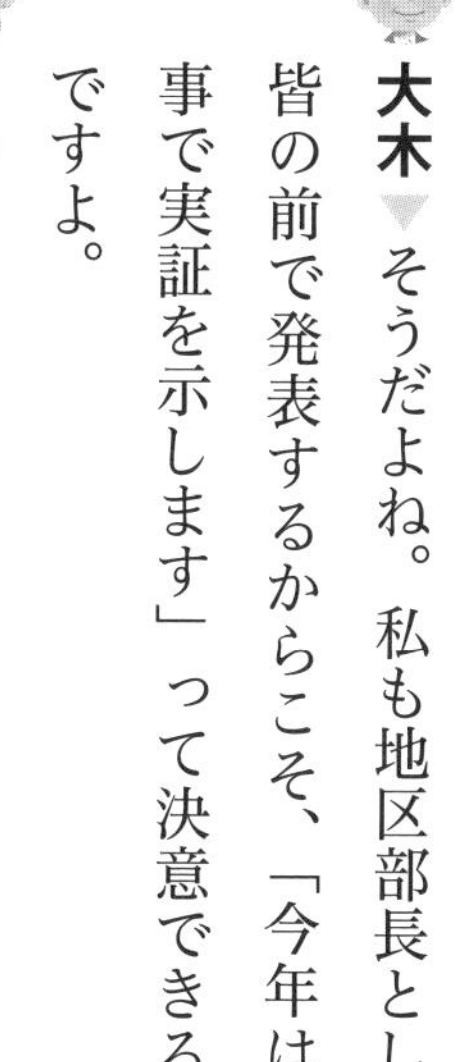

蓮田▼それそれ！　僕も最初の頃は、会合でひとこと言うのが、いやだったなあ。やっぱり何か発言するからには「適当にやります」なんて言えませんし（笑い）。

華山▼でも、決意できる場があるからこそ、「よし！」ってなる部分もありますよね。一人だったら、絶対、惰性に流されますもん。

大木▼そうだよね。私も地区部長として皆の前で発表するからこそ、「今年は仕事で実証を示します」って決意できるんですよ。

白崎▼あれ？　地区部長、去年も同じこと、言ってませんでしたっけ（笑い）。

大木▼あれ、そうだった？　いやいや、まいったなあ（苦笑い）。

白崎▼こんなエピソードがあるんです。新春を迎えた戸田先生に、あるリーダーが「先生、おめでとうございます。本年も相変わらず……」と、あいさつしたんです。

華山▼なんか、地区部長みたい（笑い）。

白崎▼すると戸田先生は「やぁ、おめでとう。ところで、本年も相変わらずじゃ困るなぁ。そうだろう。去年と同じことをやっていたんでは、広宣流布は腐ってしまうじゃないか」と言われ、〝今年こそ大いに変わっていこう〟と指導されたのよ。

桜葉▼なるほど。「今年も」ではなく、「今

年こそ」の決意が大事ということなんですね。

大木▼確かに、日蓮大聖人も乙御前の母に対して、「これまでのあなたの信心の深さは、言い表すことができません。しかし、それよりもなお一層の強盛な信心をしていきなさい」（新一六八九ページ・全一二二〇ページ、通解）と励まされているんだ。夫と離別し、幼い娘を一人で育てながらも、はるばる佐渡へ、そして身延へと足を運んだ門下を最大にたたえ、励まされながらも、その上で「今一重」の信心を、と指導されているんです。

白崎▼大切な御文ですよね。「ここまで頑張ってきたんだから、もういいだろう」って気を抜いてしまうと、そこに魔が忍び寄るのよね。草創期から、「進まざるは退転」って言われてきたけれど、本当にそうよね。幸福の人生を歩み抜いていくためにも、常に「いよいよの信心」に奮い立っていくのが、学会の伝統精神なんじゃないかしら。

蓮田▼そういえば、未来部員と一緒に池田先生の指導を学んで、お互い「そうだなー」と納得した言葉があるんです。「三日坊主も十回繰り返せば三十日で、一カ月です」「へこたれずに何度でも決意できるかどうかです」と。

華山▼私もこの言葉、大好きなんです。そうかあ、三日頑張ることを、繰り返せばいいんだ、と。

桜葉▼おっと、「三日坊主」でもいいんですね。なんだかちょっと安心しました。それなら、何回でもできそうな気がします（笑い）。

大木▼皆さん、私も決意し直しました。さあ「今年こそ」、信心の大きな実証を示していこう！

白崎▼そういうポジティブなところが、地区部長らしいー！（一同爆笑）

常に「いよいよ」と奮(ふる)い立つのが学会の伝統精神なのよ。

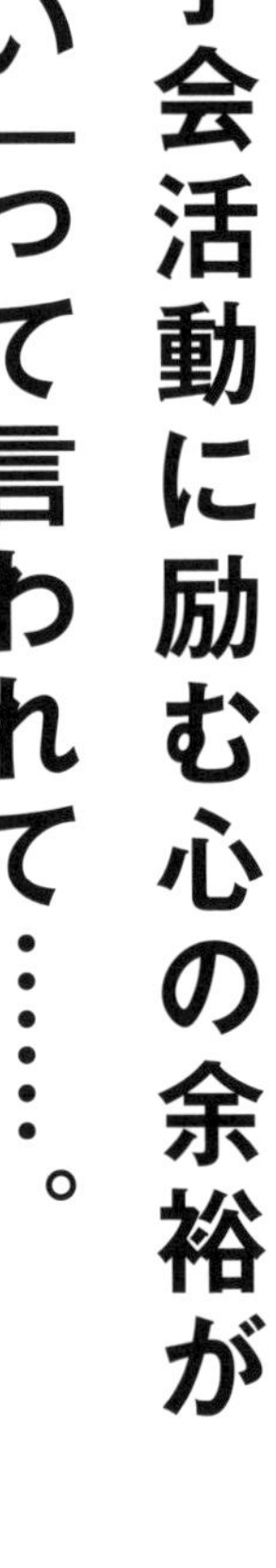

「学会活動に励む心の余裕がない」って言われて……。

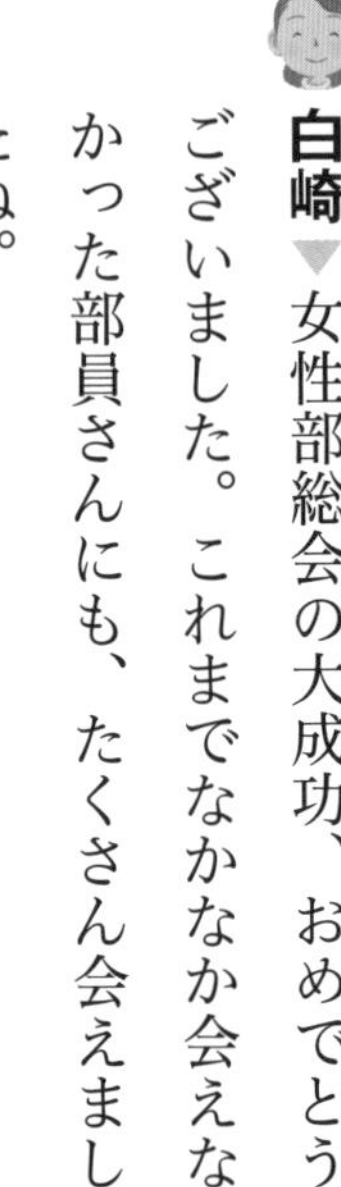

白崎▼女性部総会の大成功、おめでとうございました。これまでなかなか会えなかった部員さんにも、たくさん会えましたね。

華山▼そうですね。でもー、ちょっと課題も見えてきて……。ある部員さんに、「これから一緒に活動していこう」と誘ったら、「今は自分のことで精いっぱいで、そんな余裕がないんです」って言われてしまったんです。

蓮田▼それ、分かる気がします。学会員さんって、自分のことだけでも大変なのに、それに加えて、同志のことや友人のこと、さらには地域のことまで考えながら、いろいろと取り組んでますよね。すごすぎです！

白崎▼私も女子部時代、自分のことや仕事のこと、活動のことで目が回るくらい忙しくて。でも何一つ、進んでないから苦しくて、〝もう何もかも投げ出したい〟って時期があったのよ。

華山▼そうなんですか！　あの部員さんと同じですね。

白崎▼その頃、いつも置き手紙を書き残して、私を励ましてくれた先輩がいたの。なんか申し訳ないなぁとか、先輩は時間があって、うらやましいなぁ、なんて思ってたのよ。

華山▼女性部長にもそういう時があったんですね。

白崎▼でも、あとで分かったのよ。その先輩が、私より大変な問題を抱えながら、それでも私を励まし続けてくれてたってことが。私、涙がこみあげてきてね。その時、決めたの。「絶対、全部、やり切ろう」って。一念って、不思議よね。状況は以前と全然、変わってないのに、全てやり切ることができたのよ。

蓮田▼それって体験談によく出てくる、〝自分の一念が変わった時、環境も変わった〟ってやつですね。

大木▼そうだね。小さなコップだと、ちょっとの水でも満杯になるけど、ものすごく大きなコップだと、少しくらいの水なら余裕だよね。それと同じで、心という器、つまり境涯の違いによって、今の状況をどう受け止めるか、全然、違ってくるんだ。

白崎▼その自分自身の境涯を大きく、強く、深くするには、どうするか？　その根本が題目なの。だから、朗々と題目を唱え、生命力を満々と湧き立たせていけば、いくらでも心は大きくなるし、人間的に成長できるのよ。

華山▼なるほどー。きっと彼女に今、一番必要なのは、お題目なのかも！

大木▼きっと、そうだね。日蓮大聖人は「一生成仏抄」で「故に、妙法と唱え蓮華と読まん時は、我が一念を指して妙法蓮華経と名づくるぞと深く信心を発すべきなり」（新三一六ページ・全三八三ページ）と仰せだ。

華山▼あっ、その御書。この間、女性部の会合で学びました。

大木▼そう。池田先生は、「仏は、すべての人びとを幸福にすることを、常に念じ、考えておられる。私どもも、奥底の一念に、常に何があるのか、何を思い、願い、祈っているのかが大事になるんです。そこに、自分の境涯が如実に現れます」と指導されているんだ。

白崎▼生身の人間だから、心の中が自分のことでいっぱいという時もあると思うけど、そういう時であっても、部員さんの幸せを祈っていきましょう。無理をせずに、今、自分にできることを、一つ、また一つ、着実に行動していくことだと思うわ。大きく祈り、動いた分、自分の境涯は大きく広がっていく――そう確信して、共々に頑張っていきましょう。

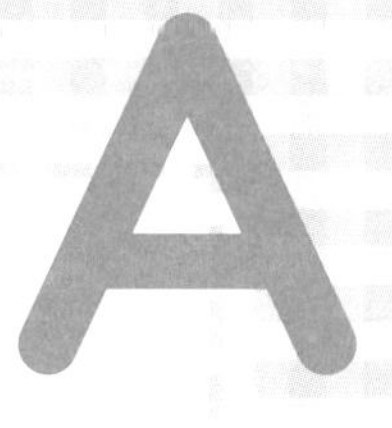

人のため、社会のために祈り、行動した分、境涯が広がるのよ。

Q 人材って、なかなかいないんですよね……。

大木▼世界中で、素晴らしい人材が、いろんな分野で活躍する時代になりましたね。うちの地区からも、どんどん力ある人材を輩出していきましょう！

白崎▼あらー、蓮田さん、どうしたの？そんなに暗い顔をして。

蓮田▼あ、はい……。実はきのうも男子部の会合で「人材育成が大事だ」って話があったんですけど、正直、うちの地区には人材が、あまりいないなーと思って。

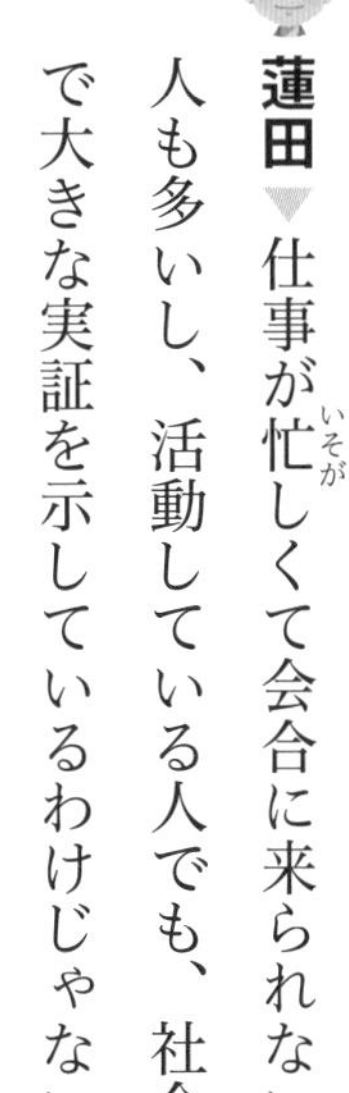

白崎▼あらあら、どういうこと？

蓮田▼仕事が忙しくて会合に来られない人も多いし、活動している人でも、社会で大きな実証を示しているわけじゃないですから。

白崎▼それって、学会で、どういう人を「人材」と言うかにも関係してくるわよね。

華山▼社会では「人材」というと、一般的に「仕事ができる人」とか、「優れた技術や能力を持っている人」といったイメージがありますよね。あと、「肩書」や「学歴」なんかも、「あの人、すごーい」みたいな評価の基準になっているような気がします。

大木▼確かにそうかもしれないね。でも、学会においては、社会的な肩書や学歴がある人が「人材」というわけでは決してないんだ。池田先生は、「広宣流布の人材とは、いろいろな角度から論じられるが、根本は『強き信心』『深き信心』のある人です」と言われているんだよ。

華山▼立派な肩書やすごい実証がなくても、広宣流布のために行動している人、地道に学会活動をしている人が「人材」っていうことですよね。

蓮田▼そっか～。うーん……でもな～。地区部長の言う通りだと思うんですけど、その肝心の「強い信心」がある人が、あまりいないように思うんです。何度訪問しても会えなかったり、ＳＮＳでメッセージを送っても無視されたり。そういうのが続くと、へこんじゃって。

大木▼私も同じような経験をしているし、深く落ち込んだことがあるんだ。でもある時、「我が地域に人材がいないと嘆く前に、まず祈るのです」「人材とは、見出すものだ。そして、信じて育てていくものである」との池田先生の指導を読んで、ハッとしたんだ。

白崎▼「人材がいない」って諦めたり、決めつけたりしてはいけない、ということですね。

大木▼実際、わが地区にも、新入会の青年部員が誕生しているし、これまで未活動だったけれど、大きな悩みにぶつかって、少しずつ題目をあげるようになった壮年部員もいるんだ。人を、今の姿だけで決して判断してはいけない。仏法の眼から見れば、皆、かけがえのない偉大な人材なんだよ。

白崎▼だからこそ、どこまでいっても大切なことは、私たちが「唱題」に挑戦すること、そして、一人一人へのきめ細かな「励まし」に徹することだと思うのよね。

大木▼そうだね。「人材は必ずいる」——この大確信で、新しい人材を見つけ、育てていこうよ。そのためにも、まず私たち自身が、唱題に挑戦し、力ある広布の人材へと成長していこう。

人材は必ずいるよ。祈り、見つけて、育てていこうよ。

Q

人事の任命を受けたんですけど、力（ちから）がないので無理だと思う。

桜葉▼大変なことになったんで、ちょっと話を聞いてくれますか？　男子部の先輩から人事の話があって、先輩の情熱に負けて、任命を受けたんです。

白崎▼大変なことって言うから、何かと思って、ドキドキしたじゃない（笑い）。桜葉（さくらば）さん、学会の役職を受けるって、素晴（すば）らしいことよ。おめでとう。

桜葉▼いや、全然、めでたくないですよ。だって、自分なんて、何も知らないし、

何の力（ちから）もないですから。ありえないです。

蓮田▼桜葉君の気持ち、分かるなぁー。

僕もそうだったからね。自分にできるかどうかって、すごく不安なんだよね？

桜葉▼そう、それ。自分に力がないってことは、僕が一番、よく分かってますから。先輩、僕のこと、何も知らないんですよ。

大木▼桜葉さん、真面目（まじめ）だねー。感動したよ。ちょっとだけ（笑い）。役職を全（まっと）うできるかどうかと不安に思う、その気持ちは、とても大切なことだよ。それって、責任の重さを感じてる証拠だからね。ただね、一つ言えることは、「力があるから、役職の話が来た」と思うのは間違いなんだよ。

桜葉▼そうなんですか？

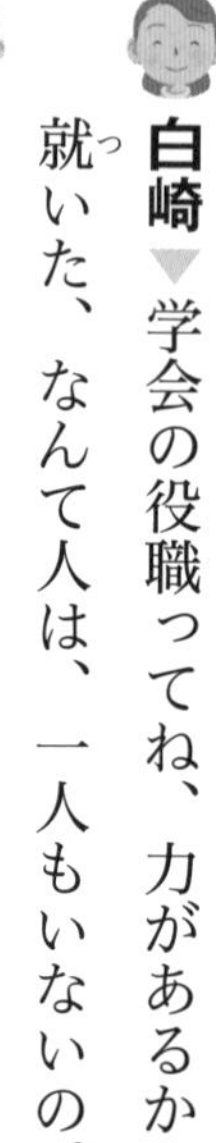

白崎▼学会の役職ってね、力があるから就いた、なんて人は、一人もいないの。

大木▼学会の役職は、どこまでも責任職であって、部員さんが幸福になるよう、人生に勝利するよう、その責任を担うってことなんだ。

桜葉▼役職が責任職だというのは分かりました。でも、その責任を担うだけの力があるとは全然、思えないんです。

白崎▼まあまあ、落ち着いて（笑い）。実はね、桜葉さん。〝責任を担っていこう〟〝役職を全うしていこう〟、そう決めて、部員さんと会い、語り合い、一緒に悩み、祈り、励ましていく中に、桜葉さんの「力」って、存分に発揮されるのよ。

大木▼そうだよ。御書に「『喜』とは、自他共に喜ぶことなり」（新一〇六一ページ・全七六一ページ）という御文があるんだけど、信心の歓喜は、この「自他共に」というのが、大きな鍵になっているんだ。つまり、役職を受け、桜葉さんが部員さんを抱えることで、桜葉さんも部員さんも「共に」信心の醍醐味を味わい、「共に」大きく成長していけるということなんだ。役職は、その絶好のチャンスなんだよ。

白崎▼「力がない」なんて言ったら、私だってそう。でも、力がないと思うからこそ、題目もあげるし、苦手な教学だって勉強するし、みんなのことを思って活動に励んできたのよ。でも、以前より、少しは力もついたんじゃないかなと思うし、成長できたんじゃないかなーって、感謝しているの。

蓮田▼ホント、そうですよね。僕も同感です。桜葉さん、大丈夫だよ。一緒に頑張っていこう。

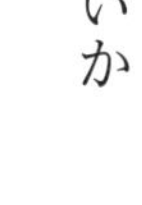

桜葉▼はい、ありがとうございました。おかげで気持ちが楽（らく）になりました。ちょっとだけ！

大木▼おっと、ちょっとだけか（一同爆笑）。

A

〝役職を全（まっと）うしていこう〟と決めて戦う時、力（ちから）は出る。

人物紹介②

男子部

蓮田(はすだ) 力(ちから)さん

職業：営業マン

好きな御書の一節：なにの兵法(へいほう)よりも法華経の兵法をもちい(用)給(たも)うべし

メモ：2015年入会。任用試験への挑戦が自身の原点と語る。現在、両親の折伏(しゃくぶく)を目標に、学会活動に挑戦している。ゲーム好き。

女性部

華山(はなやま)聡美(さとみ)さん

苦手なもの：昆虫全般

好きな御書の一節：冬は必ず春となる

メモ：創価学会員の両親のもとに生まれた学会3世。おばあちゃん子。きれい好きで掃除(そうじ)が得意。現在、御書の全編読破に挑戦中。

第3章　いろんな人と語り合おう！

Q 家庭訪問に行ったら〝うざい〟って言われちゃいました……。

白崎▼蓮田(はすだ)さん、男子部は今、頑張っているわね。

蓮田▼はい。この前も、先輩と一緒に家庭訪問に行ってきました。でも、初めて会えた部員さんを座談会に誘ったら〝うざい〟って言われちゃって……。結構、ズシンときますね、あの一言。

華山▼あー、あるある。なんて言ってる私も、以前は、しょっちゅう訪ねてくる先輩に、〝もう勘弁(かんべん)してー〟なんて思ったことありましたよ。ちょうどテレビのいいシーンで、ピンポーンって（笑い）。

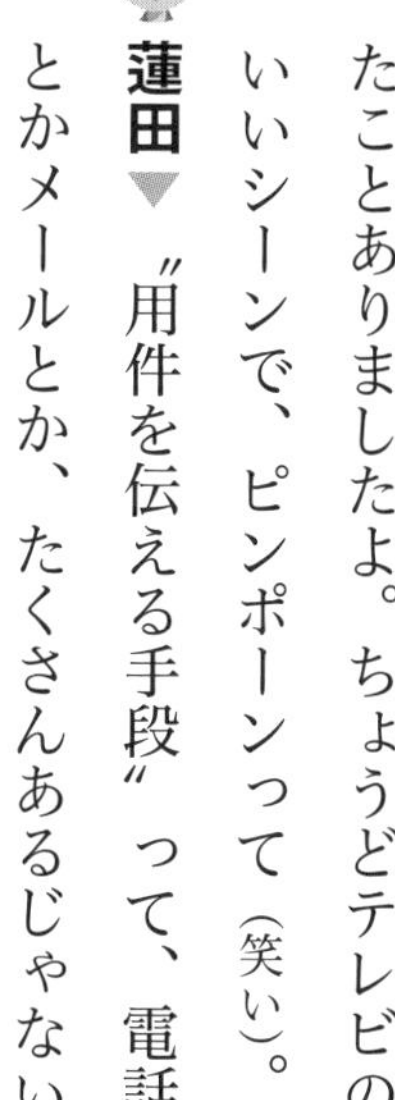

蓮田▼〝用件を伝える手段〟って、電話とかメールとか、たくさんあるじゃないですか。それなのに、なんで学会の人たちは家庭訪問を大切にするんですか？

大木▼せっかくだから一緒に考えてみよう。まずは〝相手がいやがる理由〟から。

白崎▼出た！　大木流（笑い）。

蓮田▼僕らにとって、価値観の合う人、好きな人とだけ付き合って、ちょっと合わない人は避ける、というのは普通の感覚なんです。自分の人生に、ずけずけと土足で踏み込んでくる人を、避けたくなるのも自然な気がします。

大木▼なるほど。でも、考え方の違う人を拒絶していては、いつまでたっても成長しないぞ！

白崎▼また、そうやって上からものを言う。うざがられますよ、地区部長（笑い）。で、蓮田さんは、家庭訪問された時、どう感じてたの？

蓮田▼僕はもともと「自分の人生は自分で決める」と思うタイプなので、より良い生き方がどうこうと言われた時には、確かに〝うざい〟と思いましたね。

白崎▼あなたも、そう思ったのね（笑い）。

蓮田▼信心を勧めてくれた友人が、何度も通ってくれてたのに、「君ほど暇じゃないから、ほっといてくれ」って言ったこともあったなあ。

華山▼それがどうして変わったの。

蓮田▼何度か顔を合わせて、語り合ううちに、「一緒に幸せになりたい」という彼の気持ちが、じんわりと伝わってきたんです。今思えば、友人のあの熱意がなければ、僕はきょう、ここにはいません。

大木▼ズバリだね。蓮田さんが「家庭訪問をする理由」を一番よく分かっているじゃないか。

白崎▼さっきみんなで、「大風ふき候えども、つよきすけをかいぬればたおれず」（新一九四〇ページ・全一四六八ページ）と、御書の一節を拝したわよね。この〝つよきすけ〟こそ学会員なのよ。周囲の人に積極的にかかわり、希望の光を送っていく実践は、本当に尊いことなの。もちろん、家庭訪問の時間帯は、常識豊かにしなければならないのは言うまでもないけどね。

大木▼少し見方を変えれば、学会員は家庭訪問を通して、「みんなに希望を送る〝つよきすけ〟」を目指していると言えるかもしれないね。

白崎▼〝自分のことだけを祈っていた〟のが、次第に〝相手の幸せを真剣に願える自分になろう〟と祈りの深さが変わっていくのも、家庭訪問の醍醐味ね。家庭訪問を通して、実は私たち自身も成長させていただいているのよ。

相手の幸せを真剣に願える自分にと祈り、行動すること自体が尊いのよ。

Q 新しいメンバーに信心のことを伝える自信がありません。

白崎▼あちこちで新しいメンバーが誕生し、新鮮な息吹（いぶき）を送ってくれていますね。私たちも負けてられないわね。

蓮田▼うちの部でも、新しいメンバーが、男子部大学校生になりました。今回、桜葉（さくらば）君の後輩が入校したんですよ。

大木▼そっかぁ。桜葉さんも頑張ってくれてるんだね。まさに、わが地区のホープ！　頼もしい限りだ。あれあれ？　どうしたんだい？　そんな浮かない顔して。

いつもやる気満々の桜葉さんらしくないじゃないか（笑い）。

桜葉▼いやあ、〝ホープ〟なんて、全然ですよ。本音を言うと、部員さんに信心のことをちゃんと伝えられるか、不安で仕方ないんです。

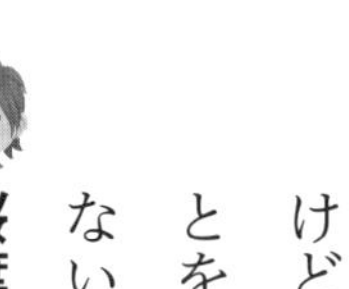

白崎▼まあまあ、不安な気持ちも分かるけど、桜葉さんが学会に入って感じたことを、そのまま伝えていけばいいんじゃない？

桜葉▼僕もそう思って、最初は軽い気持ちでその彼に「折伏に挑戦していこう」って言ったんですけど、「なんでしなくちゃいけないんですか？　全然、意味、分からないです」なんて言われて。ちゃんと答えられなくて、すっかり自信をなくしちゃいました。

白崎▼じゃあ、私から質問するけど、桜葉さんは、どうして友人を折伏しようと思ったの？

桜葉▼そうですねぇ。悩んでいる友人の姿を見ていたら、信心する前の僕と同じように思えてきて、それで、友人にも「この信心で人生を切り開いてほしい」と思って、勇気を出して語ったんです。

大木▼素晴らしい！　今、桜葉さんが話したことを、そのまま、大学校生に話せばいいんじゃないかな。信心には、人生を開く力があるってことを、自分らしく語ることだよ。

華山▼でも、私も桜葉さんの気持ち、分かります。広布の人材を育てるのって、ホント難しいですよね。マニュアルがあって、その通りにやれば大丈夫ってわけではないですし。「人材育成」のポイントがあったら、私も教えてほしいです。

大木▼池田先生は、「人材育成の要諦は『会う』『語る』そして『一緒に行動する』こと」と指導されているんだ。信心のことや教学のことで分からないことがあったら、池田先生の本などを通して、お互い学び合いながら、信心を理解してもらうことが、大切だと思うよ。とはいっても、相手が信心の話を聞いたからといって、あとは勝手に人が育つかといえば、決してそんなことはないよね。人材育成のキーワードは、なんといっても「一緒に行動する」ことなんだ。

白崎▼本当にそうね。悩んでいる人にかかわるのって、とても大変だけど、語り合ったり、一緒に祈ったりしていくしかないのよね。でも、その人が、この信心で悩みを乗り越えた時の喜びは、自分のこと以上に大きいのよ。

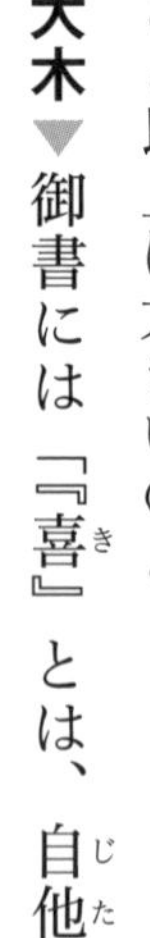

大木▼御書には「『喜』とは、自他共に喜ぶことなり」（新一〇六一ページ・全七六一ページ）と仰せなんだ。「師匠と共に」「同志と共に」――その思いを忘れず、地道にかかわっていこう。

白崎▼ともかく、あまり気負わないで、

A

気負わず、自分のありのままの姿で伝えていきましょう。

桜葉さんらしく、ありのままの姿で接していけば大丈夫！　桜葉さんの真心は、必ず伝わるわよ。

桜葉▼そうですか。まだ、自信はないけど、自分らしく頑張ってみます。

大木▼皆で応援するから。頼みになる、蓮田さんもいるし。

蓮田▼いきなり、ふってきましたね（笑い）。分かりました。私も桜葉さんと共に、挑戦します！

Q 友人を折伏しようにも、今の自分じゃ説得力ないです。

華山▼きょうの座談会、皆さんの折伏の息吹に「私も頑張ろう！」って、素直に決意できました。

桜葉▼皆さんの、「信心で勝った」「苦難を乗り越えた」っていう体験も、本当に感動しました。僕も早く立派な体験をつかんで、折伏に挑戦したいです。

白崎▼あらー？　それって、体験をつかむまで折伏はしない、とも聞こえるわよー（笑い）。「力あらば一文一句なりともかたらせ給うべし」（新一七九三ページ・全一三六一ページ）ですもの。「力あらば」というのは、「力があるならば」じゃなくて、「その人の力の限り」という意味よ。「一文」でも「一句」でもいいから、仏法を語っていきましょう。

桜葉▼いやー、今の自分じゃ、友人から「仏法はすごいかもしれないけど、おまえ自身はどうなんだ」って言われちゃいそうで……。

大木▼それ、分かるなあ。私も昔はそうだったよ。友人に言い返されるのが怖いというか、気後れしちゃうというか……。

蓮田▼僕も実際、友人のほうが仕事も家庭も充実していて、悩みなんかなさそうだから、折伏しても話を聞いてくれるだろうか、と迷うことがあります。

大木▼そうなんだよねえ。「折伏」というと、相手を説得しようとか、論破しようって思いがちなんだけど、そうじゃないんだよ。

華山▼友人に納得してもらうのが、折伏なんじゃないんですか？

白崎▼仏法の話をして、納得してもらうことも、もちろん大切だけど、もっと大切なことは、友人に幸せになってもらうことなのよ。

大木▼そうだね。例えば、おいしいケーキのお店を見つけたとするよね。そのおいしさを伝えたいと思ったら、どうする？

華山▼友人を誘って、そのお店に一緒に行くと思います。

大木▼だよね。おいしいケーキを勧めるのに、おいしい理由を全て解明してからでなければならない、なんてことはないよね。

蓮田▼そっか！　材料や作り方をいくら説明したって、おいしさは伝わらないですもんね。とにかく「おいしいんだ」と率直に語って、食べてもらうのが一番ですよ。

白崎▼そうなの。池田先生は「法華経の真髄である『南無妙法蓮華経』の素晴らしさを語り、広げていく行動は、全部、『折伏』です」と語られているのよ。「仏法はすごい」「学会はすごい」「偉大な師匠がいる」、そんな普段、感じている思いを、ありのままに語っていけばいいんじゃないかしら。

桜葉▼「こんなにおいしいのに食べないなんて、損するよ」ってことですね（笑い）。

大木▼ご名答！　池田先生は「大切なことは『真心が通じますように』との祈りです……大変だけれども、その人が必ず幸せになり、自分も幸せになっていくことを思えば、これほど『楽しい』こともない」と言われているんだ。折伏は「楽しく」挑戦していこうよ。

白崎▼そうね。友人には、「自分もまだまだ仏道修行の途中だけど、この信心で一緒に幸せになりましょう」と、朗(ほが)らかに、真心を込めて語っていきましょう。

桜葉▼そうですね。分かりました。よーし、友人と一緒に、おいしいケーキ、食べるぞー！

大木▼そう、そう、その意気、その意気！

素直(すなお)な思いを語り、友人と一緒に幸せになるのが折伏(しゃくぶく)なのよ。

Q

仏法のことが、まだよく分かっていないので折伏（しゃくぶく）できません。

華山▼先日、女性部長と一緒に桃園（ももぞの）さんのご友人に仏法対話ができて良かったです。

白崎▼ご友人が、いろいろ質問してくださったから、話もはずんだわね。

桃園▼あの日はありがとうございました。友人の質問に、全部答えていただいて。それまでに私がちゃんと話をできていれば良かったんですけど……。なんだか私って、仏法のことが、よく分かってない

から、折伏に挑戦するには、まだ早いのかな？　って。

白崎▼あら、折伏に挑戦するのに、早いも遅いもないのよ。〝仏法の真髄を完全に理解しないと折伏できない〟なんてことになったら、折伏していく人なんて、一人もいなくなっちゃうわよ（笑い）。

蓮田▼仏法って、学べば学ぶほど、深いですからね。いくら登っても、頂上の見えない山登りをしているみたいですもんね。

大木▼うまいことを言うね（笑い）。御書に「行学の二道」（新一七九三ページ・全一三六一ページ）とあるように、学びながら実践し、実践しながら学ぶことが大事なんだ。

桃園▼でも私、女性部長みたいに信心の確信もないし……。きちんと説明できないせいで、相手に変な誤解をされたら、やだなって。

白崎▼それそれ。私も、そう思って悩んだこと、あったわ。だから御書を勉強したり、本を読んだり、先輩に教えてもらったりして、友人と対話していったのよ。

華山▼女性部長にも、そんな時代があったんですね（笑い）。

大木▼池田先生は、こう教えてくださっているんだ。「一生懸命に話をしても、なかなかわからないかもしれない。しかし、実際に信心をしてみれば、そのすばらしさがわかる。なぜ、もっと早く信心をしなかったのかと思うようになります。皆さん方も、そうだったでしょう。ですから、友情を大切にしながら、諦めずに、粘り強い対話を重ねていくことです」と。

白崎▼折伏で大切なことは、仏法の理屈や理論を相手に分かってもらうことじゃなくて、相手の幸せを願う私たちの「心」なの。だから、「真心が通じますように」との祈りから出発すること。そして、「勇気」を出して、思い切って折伏すること。その実践の繰り返しの中で、少しずつ仏法への確信が深まっていくものなのよ。

蓮田▼確信をつかんでから折伏するのではなく、確信をつかむために折伏するってことですね！

大木▼その通り。池田先生も、若き日に折伏で苦労されたことを振り返りながら、こう語られているんだ。「一生懸命に話しても、なかなか相手に通じず、悲しく、悔しい思いをする。しかし、さらに祈り、学んで、次は対話を実らせていこうと努力する。上手くいかなかった侘しさなど、すぐに忘れ去って『次は断じて勝つ』と、たくましく挑戦を開始する。この『能忍（能く忍ぶ）』の心を持ったことが生命の勝利だ」と。

白崎▼青年部の時代から折伏に挑戦しておけば、自分の生き方の骨格をつくることができるし、信心への確信をつかむことができると思うのよ。だから、不安に思わないで、ありのままの思いを語っていきましょう。真心は必ず相手に通じるから。

桃園▼そうですね。自分らしく実践してみます。

白崎▼うれしいわね。大変だけれども、友人も自分も共に幸せになっていく姿を思い浮かべながら、楽しく対話に挑戦していきましょう！

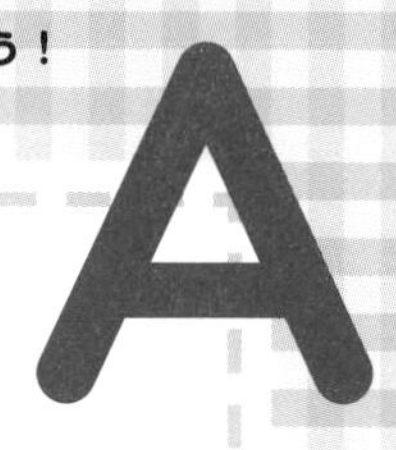

まず思い切って語っていこう。それが確信を深める一番の近道なのよ。

Q 折伏している友人から「僕に干渉しないで」と言われました。

大木▼青年部の折伏への意気込みがすごいね。頼もしい限りだね。

白崎▼私たち女性部も、壮年部も、〝青年部の皆さんに負けじ〟と友好対話を広げているのよ。

華山▼私たちとしても、壮女の皆さんのお話は、とても参考になります。皆さん、まさに〝対話の達人〟ですね。

蓮田▼その〝対話の達人〟の皆さんに、ぜひ教えてほしいことがあるんです。先日、友人に仏法対話をしたんですが、思いのほか、理解してくれました。

白崎▼あら、素晴らしいじゃない。

蓮田▼そこまでは良かったんですが、「確かにすごい信仰なんだろうけど、僕に干渉しないで」と言われてしまって……。この先、どう接したらいいんでしょうか。

大木▼私も以前、友人に同じようなことを言われて、落ち込んだことがあったなあ。でも蓮田さん、いよいよこれからが勝負だね。

蓮田▼え、どういうことですか。

大木▼法華経に不軽菩薩という人物が登場するんだ。全ての人に仏性があるとして、会う人、会う人に仏法を語り、礼拝していったんだ。ところが、相手に理解されないばかりか、悪口を言われ、さらには杖でたたかれたり、石を投げ付けられたりしたんだよ。

白崎▼「ほっといてくれ」と冷たく突き放されることも、それに通じるかもしれないわね。

大木▼そうだね。不軽菩薩は、礼拝行を貫いた功徳によって、仏となったんだけど、不軽菩薩を迫害した人たちも、逆縁の功徳で再び不軽菩薩に巡りあい、幸福の道を開いたんだよ。

蓮田▼へぇー、そうなんですか。でも、そもそも友人は、「宗教なんて興味ない」っていうスタンスだと思うんですよね。

大木▼今どき宗教に興味がある人のほうが珍しいかもしれないね（笑い）。それほど日本人にとって、宗教が、生活からかけ離れたものになってしまったんだろう。でも本来、宗教は、自分の生き方を説いたものなんだ。

蓮田▼そういえば、「宗教なんて、弱い人間がするもの」っていうふうにも言ってたなあ。

白崎▼きっと、どれも「おすがり信仰」っていう偏見があるんでしょうね。でも日蓮仏法は、「誰もが自分をより強くするための宗教」だってことを知ってほしいわね。

華山▼それにしても、友人の言葉が次々に出るなんて、蓮田さん、真剣に対話している証拠ですね。すごいと思います。

大木▼その通り。蓮田さん、ここからが本当の戦いだよ。〝あの人は、いくら言ってもダメ〟と決めつけたり、〝もう僕には無理〟って諦めたりする、自分とのね。

白崎▼本当にそうね。池田先生は「相手の機根がどうあれ、私たちが臆さずに仏縁を結べば、相手の仏性をいつか呼び起こしていくことができます」「目先の反応に一喜一憂せず、不軽菩薩のように聡明に粘り強く仏法を語り抜くのです」と言われているのよ。

大木▼不軽菩薩の偉大なところは、相手を敬う礼拝行を、最後まで「貫き通した」

A

友の幸福を祈り抜く自分へと境涯を開くチャンスだよ。

ってことなんだ。折伏といっても、要は、どこまで相手を尊重できるか、どこまで相手の幸福を祈れるか、どこまで心を尽くせるか、その自分との戦いなんだ。相手が問題じゃないんだよ。その友人も、

確かに今は心を開いてくれないかもしれないけれど、相手を信じ、諦めずに頑張り続けよう。友の幸せを祈り抜ける自分へと、大きく境涯を開くチャンス――それが折伏なんだ。

Q 未入会の両親に仏法対話をしたら、気まずくなっちゃいました……。

蓮田▼ちょっと相談があるんですが……。

大木▼どうしたんだい、蓮田(はすだ)さん。

蓮田▼実は先月、帰省した時に、未入会の両親に仏法対話をしたんです。そしたら、それ以来、ちょっと気まずくなっちゃって。

白崎▼あら、どんな感じだったの？

蓮田▼うちの親は、僕が信心すること自体は認めてくれてるんですけど、学会に対して、あまりいいイメージを持っていないんです。だから、まず学会のことをきちんと理解してもらいたいと思って、仏法のことや、学会の活動について話をしました。

大木▼ご両親の反応はどうだった？

蓮田▼途中までは、二人ともうなずきながら話を聞いてくれていたんです。でも、いざ「一緒に信心しようよ」って言ったら、父に「それはできない」ってピシャリと言われちゃって。それでも粘って話をしたんですけど、「俺は今のままで十分だ」「自分の力でここまでやってきたんだ」とか言って、最後は口論みたいになってしまって……。

大木▼そっかー。でもよく頑張って話をしたね。そうやってきちんと対話をすることは大切だよ。

華山▼すごいわー、蓮田さん。

大木▼実は私も似たような経験があってね、青年部時代、父親を折伏したんだけど、言い合いになってしまってね。なんとか分かってもらいたいと真剣に話したつもりだったんだけど、今、思うと理屈で分からせようとしてたんだと思うんだ。だから父も、負けまいとムキになってね（笑い）。

蓮田▼なんか、僕の状況とそっくりですね。

大木▼やっぱり父親にはプライドがあるし、子どもの言うことは素直に聞けないものかもしれないね。だからこそ、自分の姿で仏法の偉大さを示していくことが大事だと思うんだ。子どもが立派に成長することほど、親としてうれしいことはないからね。

白崎▼本当にそうですよね。

大木▼私もそれからは、「自分が人間として成長し、親孝行していくことが大切だよ」との先輩の激励を胸に頑張っていったんだ。そしたら、少しずつだけど、仏法への理解を示してくれるようになって、十年後に母が信心を始め、その数年後に父も入会してくれたんだ。本当にうれしかったなあ。今では、母は信心強盛(ごうじょう)で、いつも父に、はっぱをかけているよ。

華山▼日蓮大聖人の門下だった池上(いけがみ)兄弟のお父さんも、最初は信心に反対で、息子を勘当(かんどう)するほどでしたよね。でも、兄弟は真面目(まじめ)に信仰を貫(つらぬ)く中で、人間として大きく成長していったんだと思います。お父さんは少しずつ理解を深め、最後は入信しています。

大木▼大聖人は池上兄弟に「一切はおやに随(したが)うべきにてこそ候(そうら)えども、仏になる(成)道は随わぬが孝養(こうよう)の本(もと)にて候(そうろう)か」（新一四七六ページ・全一〇八五ページ）と仰(おお)せなんだ。兄弟は、本当の親孝行とは何か、を唱題しながら深めていったと思うよ。

白崎▼池田先生は、家族が未入会の方に対して、「決して焦(あせ)る必要はない。大事なのは、自分が信心を貫くことだ。太陽が昇れば、全て（すべ）を照らしていける。自分が一家、一族の太陽になればいいのである」と指導されているのよ。

大木▼蓮田さんが良き息子となり、良き社会人となって、仕事や生活で勝利して、信心の実証を示していくことが、ご両親への最高の折伏だと思う。これからもご両親のことを祈りながら、自身の人間革命に挑戦していこう。

A 自分の姿で仏法の素晴（すば）らしさを示していこうよ。

Q

親しい人とだけ対話をしたいんですけど……。

大木▼きょうの座談会も盛り上がりましたね。女性部をはじめ、皆さん、各地で対話を大きく広げてくださっています。

蓮田▼すごいですよねー。僕も男子部の先輩から、「いろんな人との対話に挑戦しよう」って言われて頑張っているんですけど、正直、そういうの苦手なんですす……。仲のいい友達や、気の合う人とだけ付き合いたいっていうのが本音です。

華山▼あ、それ、分かります。あと、友達に電話するのも結構ハードル高いです。だいたい普段の連絡はSNSでしか取らないですもん。電話したら「どうしたの？」って感じで。

蓮田▼そうそう。だから、「どんどん対話していこう」って言われても、本当のところは気が引けちゃうんです。

白崎▼そっかー。どうするのがいいかしら。

大木▼まずは自分の得意なことから始めるのが、いいんじゃないかな。SNSを活用して、友好を広げていってもいいと思うよ。実は私も去年からSNSを通して、趣味の山登りのサークルメンバーと交流を図って（はか）いるんだ。

華山▼え、そうだったんですか！　そういえば地区部長、去年、新しいスマホを買ってましたね（笑い）。

大木▼慣れる（な）のに時間がかかったけど、今はなんとか使いこなしてます（笑い）。

ＳＮＳでの交流もなかなか楽しいですよ。普段会えない時も、いろいろ情報を交換できるし、自分が撮った写真を共有したりして盛り上がれるし。そのおかげで、結構、新しい友人もできたしね。

蓮田▼へー、いいですね。でも、地区部長の趣味が山登りだなんて、知らなかったなあ。

大木▼山登りで見る景色も当然、素晴らしいけど、新しい友人ができると、自分の世界がもっと広がっていくようでいいですよ。何度か会ったりする中で仲良くなって、学会のことを話せるようになった人もいます。最初は少し勇気がいったけど、学会の理念や運動に結構共感してくれて……。うれしかったなー。

白崎▼考えてみれば、今は友好を広げる手段がたくさんあるわよね。連絡だって、どこにいても取れるし。もちろん直接会って話すのが一番いいと思うけど、どんどんいろんな方法を活用していくのもいいかもしれませんね。

華山▼そういえば、「仏種は縁より起こる」（新一九五三ページ・全一四六七ページ）という御文を通してだったかなぁ、多くの人と縁を結んでいくことが、仏法への理解や広宣流布の前進につながっていくんだと、女性部の先輩が教えてくれました。

白崎▼その通り！　大切なのは、一歩、踏み込んで対話していこうという「勇気」

じゃないかしら。そのためにも、やっぱりお題目が必要ね。

華山▼そこは変わらないんですね（笑い）。

大木▼池田先生は「広宣流布の戦いに無駄なものなど、何一つない」「縁を結んだ分だけ、広宣流布の裾野は広がる」と指導されているんだ。いろんな人とつながり、語っていった分だけ自分も成長できるんだ。だから自分らしく、朗らかに、対話を広げていこうよ。

A

いろんな人とつながることで、自分も成長できるよ。

なかなか折伏（しゃくぶく）が実りません。

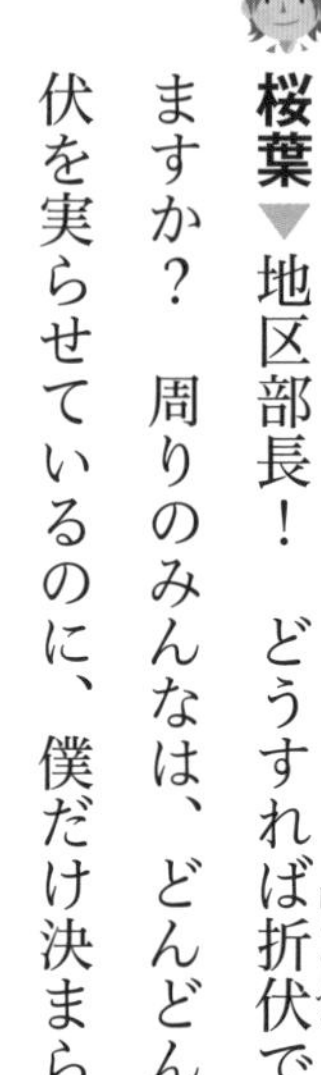

桜葉▼地区部長！　どうすれば折伏（しゃくぶく）できますか？　周りのみんなは、どんどん折伏を実らせているのに、僕だけ決まらないんです。

大木▼分かるなあ、その気持ち。私もなかなか最初の折伏が決まらなくてねえ。「自分だけは、一生、折伏が決まらないんじゃないか？」って悩んだものだよ。

桜葉▼何か、僕だけ知らない方法があるんでしょうか？

大木▼まあまあ、そんなに焦らないで。何事も最初からうまくいかないもんだよ。何より、桜葉さんが、折伏ができないと悩んでいることは尊い悩みだよ。私は感動しているんだ。

白崎▼折伏は、どこまでも相手の幸福を祈って、誠実に対話を続けるしかないわね。折伏は難事中の難事って言われているけれど、苦労すればした分だけ、大きな福運を積めるし、自分自身が成長していけるのよ。

華山▼私もそう思います。人それぞれ悩みは違うし、考えていることも違う。入会を決意する動機もタイミングも違う。ただ、友人の幸福を祈りに祈っていって、本当に心が通じ合った時に、折伏って決まるように思いますね。

蓮田▼僕も、折伏って、〝友人がどう決意できるかが問題〟だと思っていたんですけど、友人の幸福をどこまで祈り切れるかという自分自身の問題なんだと分かりました。

桜葉▼確かに僕は、友人の幸福よりも、自分の折伏が実るかどうかばかりに目がいっていたかもしれません……。

白崎▼入会する、しないは別にして、折伏で仏法の話をすることは、相手の心に仏の種を蒔いていくことなのよ。仏法の話を聞いてすぐに発心するのが発心下種。その時は信心しなくても、聞法下種といって、あとになって発心する場合があるの。でも、どちらの功徳も同じって説かれているのよ。

大木▼すぐに対話が実らなくても心配いりません。先日、十数年前に折伏した友人と久しぶりに会ったら、なんと入会していたんだ。私が話をした時は全く耳を貸さなかったのに、それからとても苦労したようで、その時に出会った学会員さんから仏法の話を聞いたようなんだ。対話しながら、以前に私から仏法の話を聞いたことを思い出して入会を決意したと笑ってたよ。折伏に無駄はないんだと思ったね。でも、ちょっとね。私に言ってくれれば……。

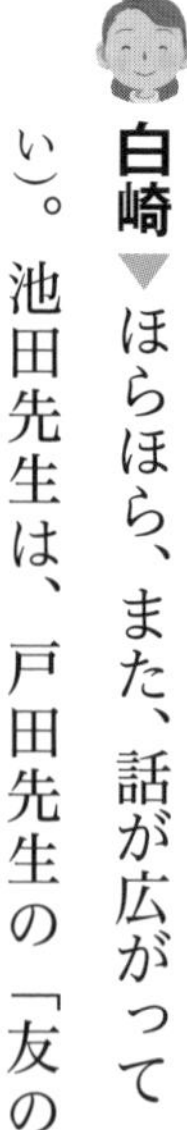

白崎▼ほらほら、また、話が広がって（笑い）。池田先生は、戸田先生の「友の幸せを祈り、妙法を語ることは、最高の友情だ。すぐに信心しなくても、必ず信頼が残る。友のため、法のために悩むことは、衆生を救わんとする仏の悩みに通じているのだ」との言葉を紹介され、こうつづられているんです。「目先の結果に一喜一憂することはない。今蒔いた種が、友の生命に幸福の花を咲かせる時が来る。今の労苦が自身の生涯の土台となることを確信されたい」って。

大木▼私たちは、地涌の菩薩として、今、この場所に、使命を持って生まれてきたんだ。必ず自分にしか果たせない使命がある。だから、〝自分にしか救えない人に会わせてください〟と、御本尊に強盛（ごうじょう）に祈っていこうよ。私も先輩の「折伏は決まるまでやり抜くんだ！」との言葉を信じて、一人また一人と語り抜いていく中で、折伏が決まったんだ。桜葉さんも、確信を持って折伏を貫（つらぬ）いていけば、絶対に決まるよ。

蓮田▼僕もまた決意を新たにしました。桜葉さんと一緒に頑張ります。

A

自分にしか救えない人が必ずいる。地涌（じゆ）の使命を胸に、決まるまでやり抜こう！

人物紹介③

男子部

桜葉（さくらば） 進（すすむ）さん

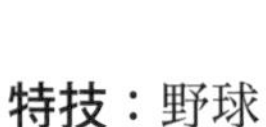

特技：野球

好きな御書の一節：陰徳（いんとく）あれば陽報（ようほう）あり

メモ：2016年入会。蓮田さんとは入会年が近いこともあり、何でも相談しあう仲。配送の仕事をしている。最近、男子部大学校生の育成担当になり、悩みながらも、やりがいを感じて取り組んでいる。

女性部

桃園（ももぞの）香織（かおり）さん

趣味：読書（主に小説）

好きな言葉：桜梅桃李（おうばいとうり）

メモ：仕事が多忙で、なかなか学会活動に参加できないが、朝晩の勤行は欠かしたことがない。気弱な性格を変えたいと思い、折伏（しゃくぶく）にも挑戦。猫好き。

第4章　それってどういうこと？

Q 寝坊したのは「魔」の仕業ですか？

大木▼……ということで、皆さん、「三障四魔」に負けずに頑張っていきましょう！　これで講義を終わります。何か質問はありますか。

蓮田▼ハイ！（挙手）

大木▼おっ、蓮田さん、どうぞ。

蓮田▼えーっと、いろんな「魔」があるようですけど、「睡魔」も「魔」なんですか？

華山▼あれ、蓮田さん、寝坊でもしたん

ですか？　毎日、仕事が忙しそうですもんね。

白崎▼本当、大丈夫？　心配だわ。

蓮田▼いやあ。実はきのう、ゲームのやりすぎで夜更かしして、今朝、寝坊してしまったんです。もう眠くて眠くて……。「睡魔」のやつの仕業かなと。

白崎▼それは、自業自得じゃないかしら（笑い）。

大木▼まあまあ（笑い）。「睡魔」というのも「魔」の一つなんだよ。御書に「第六天の魔王、十軍のいくさをおこして」（新一六三五ページ・全一二二四ページ）とあるけれど、この「十軍」の中に「睡眠」があるんだ。釈尊も睡魔と懸命に戦って覚りを得たんだよ。

蓮田▼やっぱり。睡魔め〜。

大木▼御書を拝したり、唱題したりする時に限って、なぜか睡魔に襲われるって人もいるようだしね（笑い）。でも、「魔」というのは、仏道修行を妨げる「働き」のことで、何か特定の存在があるわけじゃないんだ。

蓮田▼えっ、そうなんですか。

大木▼「眠い」という現象が、信心をおろそかにする原因となるなら、それは「魔」の働きになる。でも、蓮田さんの場合は、睡眠不足が原因であって、「魔」のせいにしてはいけないなあ。

白崎▼そうよ。規則正しい生活を心掛けてくださいね。未来を担う大事な体なんだから！

蓮田▼すみません……。

華山▼「病魔」というのも、よく聞きますけど……。

白崎▼そうね。「病気である」「健康である」というのは体の状態を表した言葉よね。それに対して、病気になったことで、信心を疑ったり、求道心が弱くなったりするのが「病魔」の働きなのよ。

大木▼大事なことは、現実に起こるさまざまな現象自体が問題なんじゃなくて、それをどのように捉えるか、ということなんだ。

華山▼でも、風邪をひいただけだって元気がなくなるのに、大きな病気になったら、どんな人だってきっと落ち込んじゃうと思います。

大木▼池田先生は、障魔に打ち勝つ要諦として示された「随うべからず、畏るべからず」との天台大師の文を通して、こうつづられているんだ。「魔に随えば、その人は悪道に引き落とされてしまう。魔を畏れれば、正法を修行することの妨げとなってしまう。結論を言えば、『智慧』と『勇気』が勝利への根幹です。魔に従わず、魔を魔と見破る『智慧』。魔を恐れず、魔に断固立ち向かっていく『勇気』。要するに、南無妙法蓮華経の唱題行が、魔を破る『智慧』と『勇気』の源泉となるのです」と。

蓮田▼何があろうと、「よし、負けずに題目をあげよう」「御書を学ぼう」って決意することが大事ってことですね。

大木▼その通り。さまざまな現象も、こちらの心が弱ければ「魔」になるし、強い心で挑んでいけば、「成長のバネ」になる。その強い心を湧き出していくのが題目なんだ。私たちは、全てを成長のバネにしていけるよう、唱題に挑戦していこう！

「魔」とは仏道修行を妨げる働き。信心で捉えれば全てが成長のバネとなる。

Q 「心が磨かれる」って、どういうことですか？

大木▼蓮田さん、最近、仕事が忙しいみたいだね。

蓮田▼そうなんです。家に帰るのが夜遅くなってしまって。朝も起きるのがギリギリで……。

大木▼そうか、大変だね。僕も若い頃は忙しかったな〜。

白崎▼あら。地区部長は、今は暇なのかしら（笑い）。

大木▼いえいえ（笑い）。職場で信頼を勝ち取れるよう、バリバリ働いていますよ。壮年部は、地域と社会の「黄金柱」ですから。

蓮田▼あの～、一つ聞いてもいいですか。

白崎▼どうぞ、どうぞ。ごめんなさいね、話が変な方向に行っちゃって（笑い）。

蓮田▼さっき座談会で「唱題で心が磨かれる」ってことを学んだんですけど、「心が磨かれる」って、どういうことなんでしょうか。「心」って目に見えませんよね。

大木▼そうだなあ。「磨く」っていうのは、表面についた汚れを取るイメージかな。曇った鏡も磨いたら光るよね。本来の輝きを出して、何でも映すようになる。

華山▼お風呂の鏡なんかそうですよね。気がつくと、汚れて白く曇っちゃってる。でも、掃除するとピッカピカ。私たちの心も一緒じゃないかしら。

大木▼困ったことや、いやなことに直面した時、すぐに諦めたり、逃げたりする「弱さ」が曇りだとすれば、唱題することによって、その〝曇り〟が取れて、私たちに本来具わる「強さ」を出していくことができるんだ。つまり、生命にもともとある「勇気」や「智慧」を最大に発揮していけるんだよ。

蓮田▼うーん……具体的に言うと、どういうことなんでしょうか。

大木▼いやなことから逃げない、困難に立ち向かえる自分になる、っていうことかな。何があっても「よし、負けないぞ！」って頑張れるようになる。私も唱題する中で、仕事のアイデアが生まれてきたこともあったんだ。不思議だけど、いい智慧が湧いてくるんだよ。

華山▼あっ、私も！　いくら考えても良いアイデアが出てこなかったのに、題目をあげていたらビビっと来たんです。

蓮田▼確かに、これまで信心してきて、自分なりに題目の力を感じるようになったんですけど、この前、仕事でミスっちゃって、へこみました。信心していても、落ち込むことってありますよね。

大木▼もちろん、あるよ。信心していって、「これで完成」というゴールがあるわけじゃないんだ。ただ、唱題を続けていくことで、だんだんと悩みに負けない自分を築くことができるんだ。

白崎▼そうね。鏡だって、一度磨いたら、ずっときれいなまま、なんてことはないものね。やっぱり、お掃除は定期的にしないと（笑い）。

大木▼私たちで言えば、朝晩の勤行・唱題が生命を磨く作業だね。大事なことは、日々の実践とともに、生涯にわたって信心を貫いていくことなんだ。「持続の信心」によって、必ず最高の境涯を開いていくことができるんだよ。

もともと私たちの心にある「強さ」を出していけるようになることだよ。

Q 「法華経のために命を捨てる」ってどういうこと？

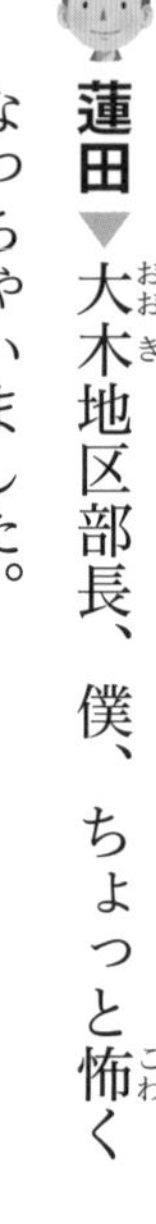

蓮田▼大木地区部長、僕、ちょっと怖くなっちゃいました。

大木▼おいおい蓮田さん、突然、どうしたんだい。

蓮田▼この間、「上野殿御返事」を学んで、「願くは、我が弟子等、大願をおこせ」（新一八九五ページ・全一五六一ページ）の一節に、本当に感動したんです。そうしたら、その続きに「法華経のゆえに命をすてよ」（同ページ）とあったので……。

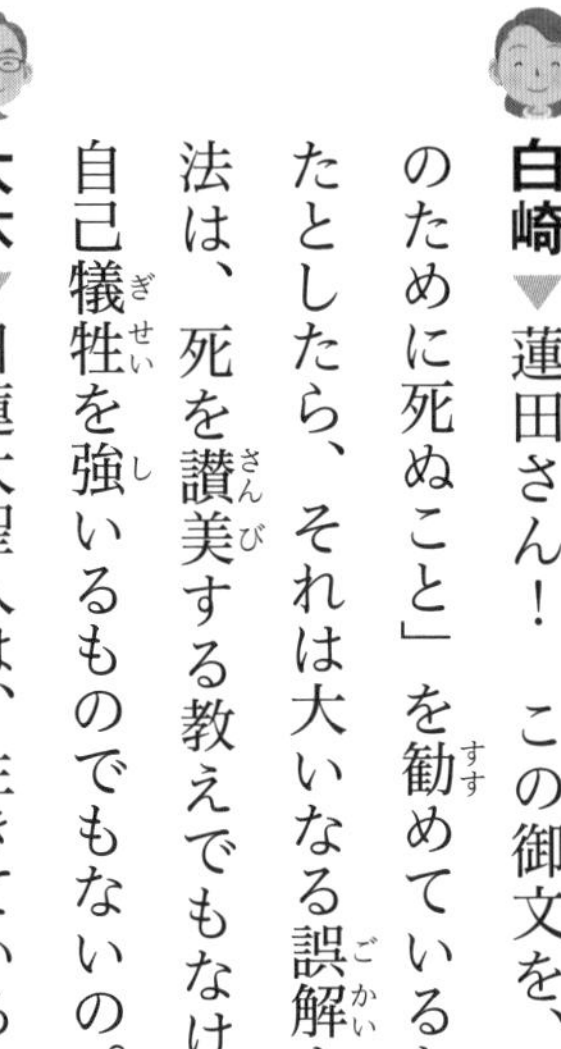

白崎▼蓮田さん！　この御文を、「仏法のために死ぬこと」を勧めていると捉えたとしたら、それは大いなる誤解よ。仏法は、死を讃美する教えでもなければ、自己犠牲を強いるものでもないの。

大木▼日蓮大聖人は、生きていることの尊さについて何度も強調されているんだ。以前の座談会でも「命は三千大千世界の財よりも尊い」（新一三〇九ページ・全九八六ページ、通解）との一節を学んだよね。

蓮田▼そう聞いて安心しました。

華山▼でも、私たちが勤行で読んでいる自我偈にも「不自惜身命」とありますよね。「自ら身命を惜しまず」って、一体どういうことなのか、私も知りたいです。

白崎▼確かに、この信仰を貫いていく上で、大切なテーマね。この点については、「佐渡御書」にくわしく説かれていたと思うわよ。

大木▼えーっと。ここだ、ここだ。大聖人は、誰もが自分の身命を大切にしていることを確認された上で、「世間の浅きことには身命を失えども、大事の仏法なんどには捨つること難し。故に仏になる人もなかるべし」（新一二八五ページ・全九五六ページ）と仰せになっているんだ。いつの時代も、目先の欲望など、「世間の浅きこと」のために大切な人生を棒に振ってしまう人は少なくない。そうではなく「大事の仏法」のために生き抜いていってこそ、仏になれると教えてくださっているんだ。

華山▼かけがえのない命だからこそ、その命を仏法のために使っていく。だからこそ功徳も大きいってことなんですね。

蓮田▼なるほど。では、具体的には、どんな実践をしていけばいいのでしょうか。

白崎▼どこまでも信心を根本に、同志や友人の幸福と社会の繁栄を祈り、その実現のために尽くしていく――私たちが日々励んでいる学会活動が、まさにその実践なのよね。

大木▼そこで問われるのが、一つ一つの活動に取り組む姿勢じゃないだろうか。僕は、勤行・唱題の際も、メンバーの家を訪ねる時も、真剣勝負で臨もうと心掛けているんだ。「不惜身命」といっても、そうした地道な挑戦の積み重ねの中にしかないと、私は思っているんだ。

蓮田▼そうなると、仕事をする時間がなくなってくるなあ。

白崎▼蓮田さん、物理的な時間じゃなく、要は、手抜きをしないで、一生懸命やることよ。信心の実践も真剣勝負、そして仕事も生活も真剣に誠実一路で、全てに勝利していくのが、この仏法の生き方よ。

大木▼池田先生は「広宣流布に共に生きゆく同志は、誰もが永遠不滅の福徳の大海原へ融合して、自在の大境涯を開くことができる」と教えてくださっている。学会と共に「不惜身命」の信心を貫いていけば、自身の境涯が大きく開けることは間違いないんだよ。

華山▼その模範の実践をされてきたのが、池田先生なんですね。

白崎▼若き日から恩師・戸田先生の心をわが心として広布に生き抜き、世界広布の盤石な基盤を築かれた池田先生の姿こそ、「不惜身命」の信心の最高のお手本ね。私たちも「不惜身命」の信心で師弟の大道を歩んでいきましょう！

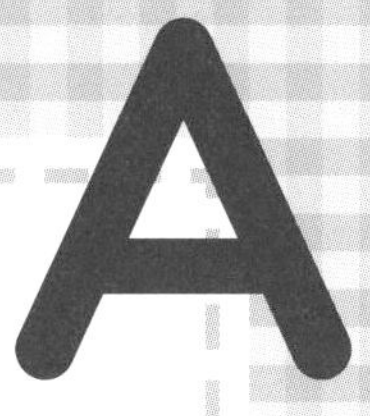

信心の実践をはじめ
全てに一生懸命に取り組み、
勝利していくことよ。

Q “広宣流布（こうせんるふ）”って人数が増えるってこと？

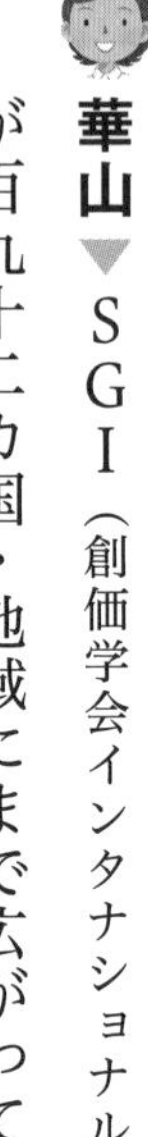

華山▼ＳＧＩ（創価学会インタナショナル）が百九十二カ国・地域にまで広がって、世界中の人が信心しているって、本当にすごいですよね。

白崎▼まさに世界広布新時代の到来！　私たちも、世界の同志に負けてられないわね。

桜葉▼その「広宣流布（こうせんるふ）」について、ちょっといいですか？　僕も毎日、広宣流布を目指して学会活動に励んでいるんです

が、自分の周りを見ていても、実際、広宣流布が進んでいるのかどうか、あまり実感が湧かないんですよね。

蓮田▼確かに、僕もそう思ったことがあります。

大木▼そう思うのも分からないでもないけど、私は、こんなふうに思うんだ。これは一つの譬えだけど、小さな川の流れは速く激しく見えるよね。でも、それらが集まって大河になった時、ゆっくり流れているように見えるけど、実際は小さな川とは比べものにならない膨大な水量と勢いで流れている。それと同じで、広宣流布も、ゆっくり流れているように感じるかもしれないけど、今や大河の流れとなっていると、私は思っているんだ。

白崎▼私もそう思います。かつて学会は、「貧乏人と病人の集まり」って揶揄されたけど、今では地域や社会で欠かせない大きな存在になってますものね。

華山▼それも、戸田先生、池田先生と草創の同志の皆さんの大奮闘があったからこそ、飛躍的に発展したんですよね。

桜葉▼なるほどー。だとしたら、このままの勢いで、どんどん人が増えていって、広宣流布も、そんなに遠くないうちに達成されるってことですか？

大木▼あれ？　もしかしたら、桜葉さんは、広宣流布を、〝大多数の人が信心する〟というイメージだけで捉えているんじゃないかな？

桜葉▼え、違うんですか？

大木▼人数が増えることも、もちろん大事だけど、それだけが「広宣流布」ってわけじゃないんだ。池田先生は、広宣流布というのは、人類の境涯を高めて、この世の中から一切の悲惨と不幸をなくすことだと教えてくれている。

白崎▼私も、青年部の時代から、広宣流布に戦ってきましたよ。

大木▼だから、大切なことは、信心している私たちが幸福になること、何があろうと負けない境涯を築き上げること、地域や社会で実証を示すこと、周囲の人から、「さすが、あの人は違う。立派だ」と、たたえられる人に成長することなんだよ。

蓮田▼単なる「数」ではなくて、広宣流布を目指して戦う、私たち一人一人の人間的成長が、最も大切だっていうことなんですね。

白崎▼そうね。その上で、着実に人数が増えていくことが、私たちが目指す広宣流布ってことじゃないかしら。私たちが願っているのは、どこまでいっても、民衆一人一人が幸せになり、大きく成長し、人生に勝利することなのよ。

桜葉▼なるほどー、そうなんですね。

大木▼昔から学会の中で生きてきて思うのは、日本の広宣流布は、着実に水かさを増しているってことなんだ。青年たちも、本当にみんな優秀だし、力もある。いろんな分野の人たちが、学会の真実の姿を知って、高く評価する時代になったよね。草創の頃から比べると、まさに隔世の感があるんだ。それもこれも、学会員さんが広宣流布を目指し、真面目に頑張ってきた結果だね。

桜葉▼分かりました。僕も、少しでも広宣流布に貢献できるよう、しっかり成長していきたいと思います。

A

人数だけでなく、一人一人が成長することが広宣流布なのよ。

Q 「実証を示す」ってどういうこと？

白崎▼座談会では、職場で見事に実証を示した体験が圧巻（あっかん）でしたね。とても輝いて見えました。

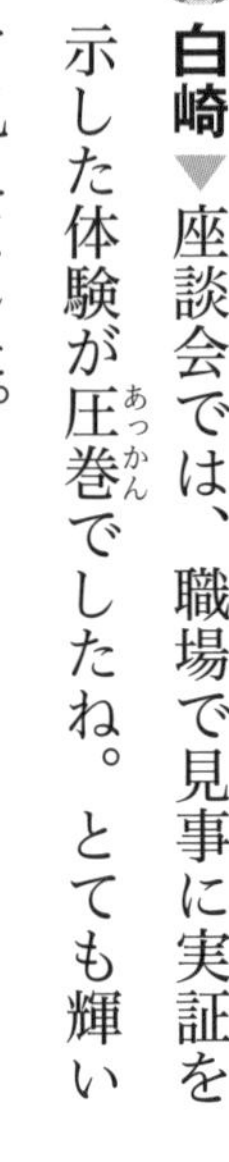

桜葉▼やっぱり実証を示すって、すごいですよね。でも僕なんか、まだまだ実証を示せそうにないです。

大木▼おや、どうして？　桜葉（さくらば）さん、信心の実証を示すって、どんなことだと思っているのかな？

桜葉▼そうですねー。例えば、給料が上がるとか、昇進するとか、社長賞をもらうとか、病気が治るとか……ですよね。とてもとても、今の僕には、できそうにありません。

大木▼確かに、誰が見ても分かるような、具体的な結果を残せたことは、信心の偉大な実証だよね。でも、信心の実証というのは、そうした晴れがましい結果ばかりじゃないんだよ。

桜葉▼えっ、そうなんですか？　僕はてっきり、ものすごい結果を示すことが、信心の実証だと思ってました。それ以外に、どんな実証があるんですか？

白崎▼そうねえ。桜葉さんが言ったように、病気が治ったことも立派な実証だけど、たとえ病気になっても病魔に負けないで仏法対話に挑んでいる学会員さんの姿に、私はいつも鼓舞されているの。そうした振る舞いに接するたびに、「信心の実証を示してくださっているなあ」って、心から感動しているのよ。

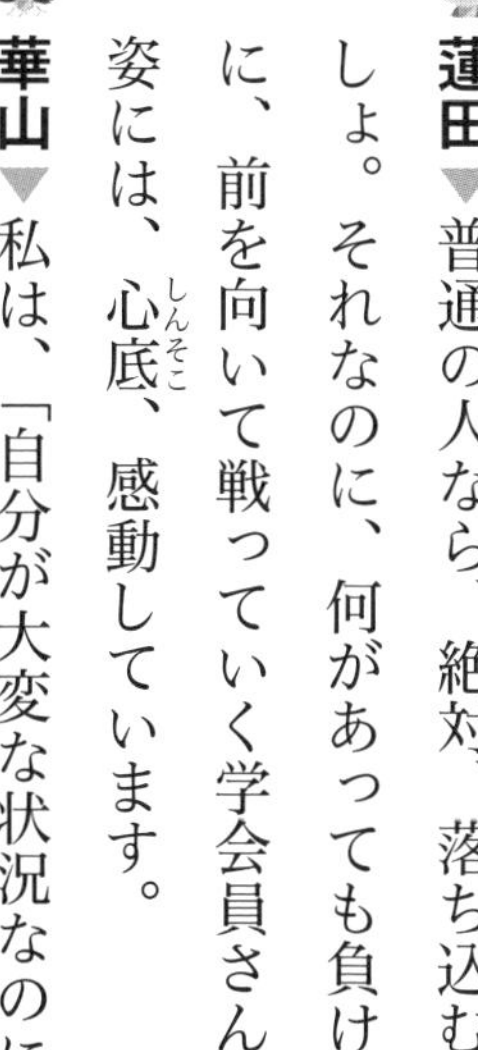

蓮田▼普通の人なら、絶対、落ち込むでしょ。それなのに、何があっても負けずに、前を向いて戦っていく学会員さんの姿には、心底、感動しています。

華山▼私は、「自分が大変な状況なのに、それでもなお、他の人たちの幸福のために尽くしている姿」が素晴らしいと思います。

大木▼ホント、その通りだね。自分の振る舞いによって、周囲から信頼される人になっていく、それも、いや、それこそが、信心の偉大な実証だということじゃないだろうか。

白崎▼池田先生は小説『新・人間革命』に、こうつづってくださっているのよ。「経済的な豊かさを手に入れることも、信心の実証にはちがいない。しかし、最重要の実証とは、何があっても負けることのない、人間としての強さと、人を思いやる心をもち、はつらつとした生き方を確立することだ。生命の輝き、人格の輝きを発することだ」って。

大木▼大聖人は苦難に直面していた四条金吾に対し、〝日蓮の弟子である四条金吾は、たいした人だな。人間として立派な人だな〟と、皆からたたえられるようになっていきなさい（新一五九六ページ・全一一七三ページ、趣意）と励まされているんだ。

華山▼四条金吾は、この大聖人の激励を胸に、主君への誠実を貫いていったことで、元の三倍の所領をたまわったんですよね。

蓮田▼そういえば桜葉さん、この前、職場の上司に勤務態度が良くなってきたって、ほめられたって言ってたじゃないですか。それって、実証なんじゃないですか？

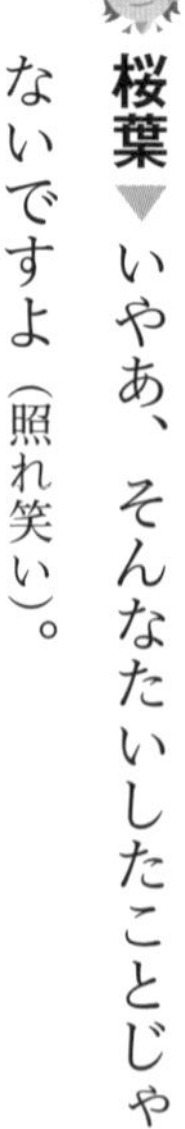

桜葉▼いやあ、そんなたいしたことじゃないですよ（照れ笑い）。

A

自分の振る舞いによって周囲の信頼を勝ち取ることだよ。

大木▼いやいや桜葉さん、それって立派な実証だよ。地道に、着実に、誠実に振る舞い、周囲からの信頼を勝ち取っていく、これが最も大切な実証なんだ。周囲の信頼を勝ち取るというのは、これが簡単なようで、これほど難しいことはないからね。でも、その日々の小さな積み重ねの中に、おのずと結果もついてくるんじゃないだろうか。私は、そう確信しているよ。

Q 自分の仕事、あまり好きじゃないんですよね。だからやる気が出なくて……。

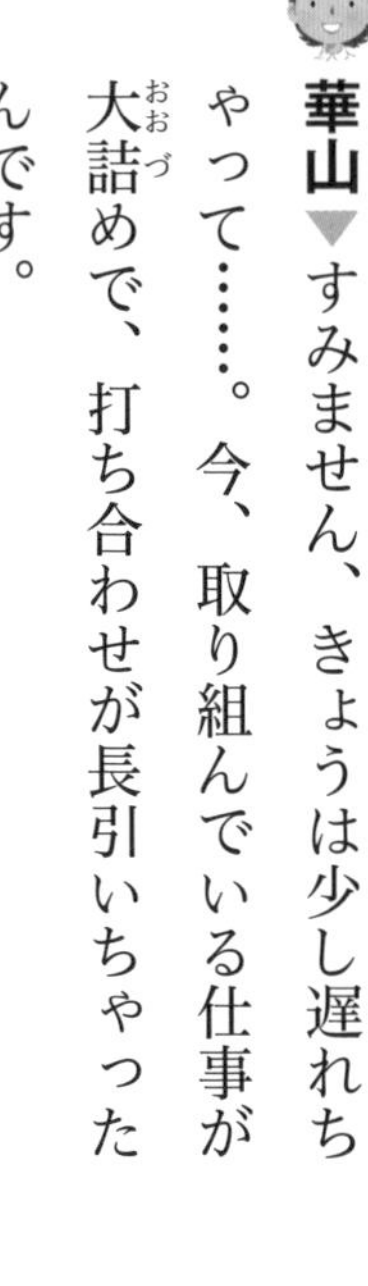

華山▶すみません、きょうは少し遅れちゃって……。今、取り組んでいる仕事が大詰めで、打ち合わせが長引いちゃったんです。

蓮田▶華山さん、忙しそうだけど、なんか充実してる感じですね。いいなあ。

白崎▶あら、どうしたの？　蓮田さん。

蓮田▶僕は今の自分の仕事、あまり好きじゃないんですよね。自分に向いてない気がするっていうか……。だから、なんだかやる気が出なくて。転職も考えているんです。

大木▼そうかあ。でも蓮田さんはまだ若いし、今の会社に就職してから、まだそんなにたってないよね。最初から自分の好きな仕事、理想とする仕事ができる人って、実はそんなにいないと思うよ。

蓮田▼そうですかね……。

華山▼仕事のことは、誰でも悩みますよね。そういえば、戸田先生は、職業を選ぶ基準には三つあると言われていたと思います。以前、聖教新聞で紹介されていましたけど、何でしたっけ……。

大木▼えーっと、「美(び)・利(り)・善(ぜん)」の三つの価値だ。

蓮田▼「ビ・リ・ゼン」？

大木▼この言葉は、牧口先生の価値論にあるんだよ。「美」というのは、自分が、その仕事を好きであること。「利」というのは、自分が、その仕事で得(とく)をすること。要するに、高い給料をもらえるなどのことだね。そして「善」というのは、その仕事で社会に貢献(こうけん)できることだ。この三つがそろえば最高だけど、そう簡単にはいかないよね。最初からこんな仕事に就(つ)ける人は、むしろほとんどいないんじゃないかな。

蓮田▼うーん、確かにそうですね。じゃあ、どうすればいいですか。

大木▼戸田先生は「青年は決して、へこたれてはいけない。自分の今の職場で全力を挙げて頑張ることだ。『なくてはならない人』になることだ」と言われているんだ。

白崎▼「大変だから」とか、「好きじゃないから」という理由だけで、すぐに職を変えていたら、自分の成長はないかもしれないわね。大事なことは、今いる場所で、挑戦を重ねて、自分を磨いていくことじゃないかしら。

大木▼そうだね。大変な仕事だったとしても、信心根本に頑張っていけば、必ず道は開かれるし、自分の苦労は全て生かされていくものだよ。私も、最初の職場は自分の希望した部署とは違ったんだけど、そこで経験したことは、今の仕事に本当に役立っているんだ。

蓮田▼でも、僕の友達なんかは気軽に転職していますよ。今の時代、一つの職場でずっと頑張るということだけが、いいわけじゃないと思うんですけど。

白崎▼もちろん転職は、それがキャリアアップにつながれば、本人にとっていい場合もあるわよね。だから転職することを否定しているんじゃないのよ。大切なことは、その選択が「挑戦の心」にもとづいているかどうかってことじゃないかしら。ただ、今の環境から逃げようとしているだけなら、たとえ転職しても、きっとまた、同じような問題に直面してし

信心根本（こんぽん）に努力すれば、必ず自分が満足する、最高の仕事ができるようになるよ。

まうと思うのよ。

華山▼結局、自分が変わらないと環境は変わらないし、周囲からの信頼も勝ち取れないということですよね。

大木▼その通り。信心根本に努力を重ねていけば、最後は必ず自分が望むような最高の仕事ができるようになる。だから題目をあげて、一つ一つ、目の前の課題に全力で挑戦していこうよ。私たちも応援するよ！

一体、どれくらい頑張れば、仏に成れますか？

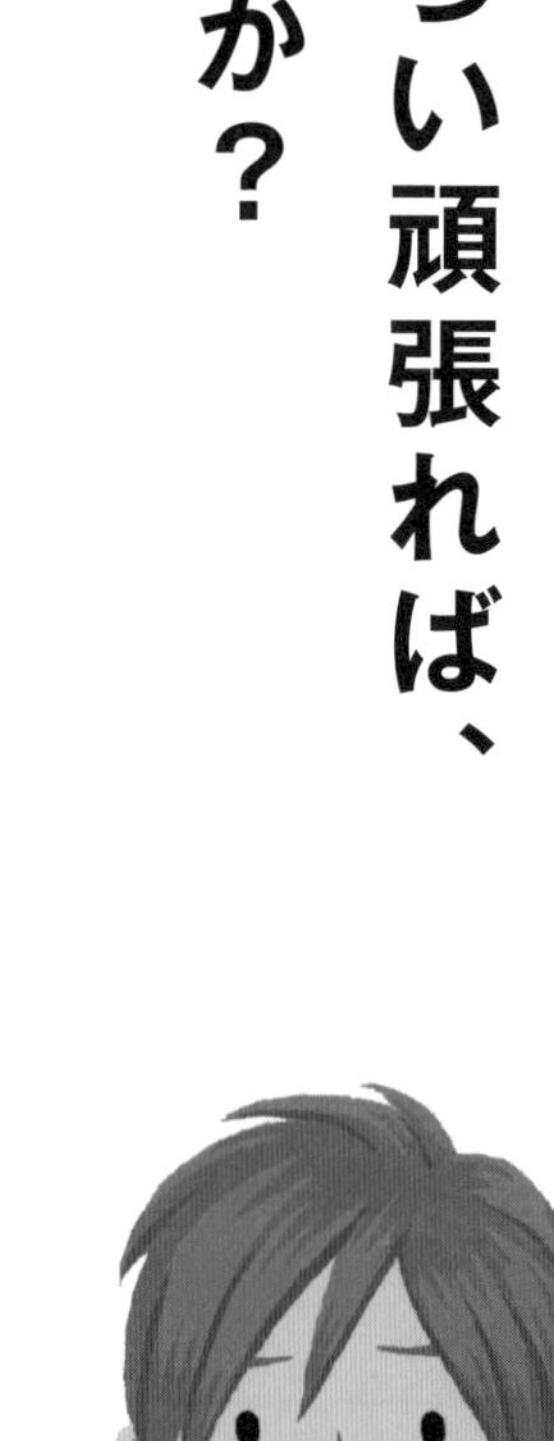

桜葉▼あのー。ずっと聞きたいと思ってたんですけど……。

白崎▼あら桜葉（さくらば）さん、遠慮しなくていいのよ。何でも聞いて。

桜葉▼一体、どれくらい頑張れば、仏に成れますか？

大木▼いきなりすごい質問が飛び出したね（笑い）。もしかして、桜葉さんは、「仏」をスーパーマンか何かのように考えてるんじゃないかな。私たちが目指しているのは、そうした現実離れした存在じゃないよ。

華山▼「成仏」については、任用試験の中で「どんな困難に直面しても動揺しない、生きていること自体が楽しいという『絶対的幸福境涯』のこと」と教わりました。

桜葉▼うーん、それがいまいち、ピンとこないんですよ。

蓮田▼やっぱり題目を唱える中で実感するものじゃないかな。実は先日、仕事で大きなミスをして、ひどく落ち込んでしまって……。でも、家に帰って唱題するうちに生命力が湧いてきて、「今こそ実力をつけるチャンスだ。負けるもんか」って決意できたんです。

大木▼蓮田さん、すごいじゃないか。そうした境涯も〝仏界〟の生命の発露と言えるね。

白崎▼そうね。草創の先輩方が、〝もうダメだ〟と思われる困難を、信心根本に何度も何度も乗り越えてきた体験を語ってくださるけれど、本当にすごい境涯だなって圧倒されるわね。

華山▼私も早く、先輩のようになりたいと思って信心しているんです。

桜葉▼確かに、学会には魅力的な人が多いですよね。僕もそうした人間に早くなりたいです。しかも、できるだけ若いうちに。

白崎▼あらあら。桜葉さんの話を聞いていると、「いったん仏の境涯を開けば、もう努力しなくてもいい」というふうに聞こえるわよ。

桜葉▼えっ、仏に成ったら、ウキウキの毎日が続くんじゃないんですか？

大木▼「仏に成ったら、悩みがなくなる」と考えているなら、それは勘違いと言えるね！　そもそも課題や困難と無縁な人生などありえない。現実の悩みと真剣に向き合い、乗り越え、自分自身を鍛えていく。この中にこそ、本当の〝生命の充実〟があるんだ。

華山▼「仏」だからこそ、一切衆生を救おうと悩み抜く。魔の迫害と戦い抜く。それが釈尊であり、日蓮大聖人でしたね。

大木▼池田先生は「信心とは、間断なき魔との闘争であり、仏とは戦い続ける人のことです。その戦いのなかにこそ、自身の生命の輝きがあり、黄金の人生があ

ることを知っていただきたいのです」とつづられているんだ。

桜葉▼戦い続ける……。なんだか大変なことに思えてきました。

白崎▼大丈夫よ、桜葉さん。「南無妙法蓮華経と唱えれば、自身に具（そな）わる仏の生命が顕（あらわ）れる」との大聖人のお言葉を胸に、共々に頑張っていきましょう。

大木▼さあ、いよいよの心で全（すべ）てに勇（いさ）んで挑戦していこう！

A

仏とは「戦い続ける人」。真剣に祈り、悩みを乗り越える中でこそ、自身の生命は輝く。

「他宗の葬式に参列しても大丈夫？」って聞かれたんですが……。

蓮田▼この前、新入会の男子部のメンバーに、聞かれたんですけど……。

大木▼どんなことかな？

蓮田▼「創価学会に入っていても、他宗のお葬式や法事には参加できますよね？」って。なんか、彼の親が心配しているみたいで。

大木▼で、蓮田さんは、なんて答えたんだい？

蓮田▼「もちろん大丈夫だよ」って答え

たんですけど、あまり自信が持てなくて……。教学試験で、日蓮大聖人の仏法の正しさを学んだじゃないですか。だから、他の宗教の儀式に参列するのはどうかな、という気も、ちょっとあって……。

大木▼そうかあ。華山さんはどう思いますか？

華山▼うーん……。うちは祖母の代から信心をしていて、親戚もほとんど学会員なので、逆に他宗の葬儀に参加したことがあまりないんです。だから、深く考えたことはなかったです。

白崎▼二人も、これから冠婚葬祭などの行事に参加する機会が増えてくるでしょうからね。

大木▼大切なのは、どんな思いでお葬式に参列するのか、ということじゃないかな。どんな宗派であっても、私たちが葬儀に参列する目的は故人を悼み、その冥福を心から祈ることにある。他宗の教義を信じたり、その神仏を拝んだりするわけじゃないから、全く問題ないんだよ。

華山▼葬式もそうだけど、神社などで行われる地域のお祭りについても、同じように考えているわけですよね。

大木▼そう。各地のお祭りも、今は宗教行事というより、地域の親睦という文化的・社会的な意味合いが強くなっています。そうした観点から、多くの学会員さんも、友好活動のために、地域のお祭りの役員を務めたりしていますよ。

白崎▼私もそうです。少しでも地域に貢献できればと思って、毎年お祭りの運営にかかわっているんです。屋台では焼き鳥も焼くし。だいぶ上達したわよ（笑い）。

華山▼たしか仏法には「随方毘尼」という法理がありましたよね。

蓮田▼ズイホウビニ？

大木▼そう。「随方」とは各地方の風俗・習慣に随うということで、「毘尼」とは戒律という意味なんだ。仏法の本義にたがわない限り、地域の風俗や習慣に随うべきであるという教えなんだよね。

白崎▼創価学会が世界宗教として発展してきたのも、随方毘尼の法理にのっとって、各国・地域の文化や伝統を尊重して、人々の信頼を勝ち得てきたからなのよ。

蓮田▼なるほどー。

大木▼大切なのは、どこまでも「心」、つまり「信心」ということなんだ。大聖

A

御本尊への「無二の信心」があれば、全く問題ないよ。

人は「無二に信ずる故によって、この御本尊の宝塔の中へ入るべきなり」（新二〇八八ページ・全一二四四ページ）と仰せです。御本尊への「唯一無二の信心」が根本にあれば、他宗の葬式に参列しようと、宗教的意味合いの深い行事に行こうと、全く問題ないんだよ。

白崎▼そうですね。どこまでも強き信心を根本に、誠実と真心の振る舞いで信頼を広げていきましょう。

よく「師弟」って聞くんですが、自分には難しいかなって思う。

蓮田▼会合などで、「師弟が大事だ」って話をよく聞くんですが、この間、部員さんから、〝いまいち、ピンとこなくて、自分には難しいかな〟って言われたんです。どうやって説明していいか悩んでいて……

蓮田▼前から聞こうか、どうしようか、迷ってたことがあるんですけど……。

白崎▼あらあら、蓮田さんが遠慮するなんて、珍しいわね（笑い）。遠慮しないで聞いて、聞いて。

るんです。

華山▼確かに、今の若い人たちって、「師弟」なんて言葉、ほとんど使わないし、聞くとしたら、テレビとかで芸人さんが「師匠」って言ってる時だけかも……。

白崎▼そうかもね。私も若い頃、「師弟」

っていうのを、少し難しく考えてた時があったんだけど、でも、とっても大切な質問ね。ありがとう。

蓮田▼いえいえ（照れ笑い）。

大木▼学問であれ、スポーツであれ、芸術の分野であれ、その道を究めようと思ったら、やっぱり、師匠に教わる必要があるよね。私たちの場合は、池田先生を人生の師と仰いでいるんだけど、人間として、信仰者として、どう生きていけばいいか、それを日々学んでいるんだよ。

蓮田▼その池田先生なんですけど、知れば知るほど、偉大すぎて、すごく遠い存在で、師匠だとか、僕は弟子ですっていうのが、はばかられるっていうか。そこ

らへんが、難しいかなって。

白崎▼その気持ち、分からないでもないけど、そんなに難しく考える必要はないんじゃないかしら。

華山▼えっ、どうしてですか？

白崎▼「私の師匠は池田先生」、そう自分が決めるかどうか、それが全てだからよ。「師弟」といっても、結局は自分で決めるものであって、誰かに言われて、決めるものではないのよ。その上で、先生って、どんな考えなんだろう、どう戦ってきたんだろうと求めていくことが大事だと思うのよね。

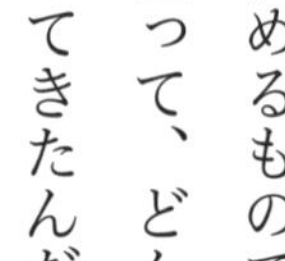

蓮田▼そっかー、なるほどー。

大木▼実は仏法を学ぶ者にとって、師匠の存在は、とてつもなく大きいんだ。自分の仏道修行を正しく導いてくれるかどうかで、自分の未来が決まってしまうからね。日蓮大聖人は、当時の弟子たちに、誰が本当の師匠なのか、よく考え、「求めて師とすべし」（新一二一一ページ・全一二三〇ページ）と戒められているんだ。

白崎▼池田先生は、戸田先生から大聖人の仏法を学び、人生を学び、戸田先生の弟子として、あらゆる構想を実現してこられたわよね。しかも、戸田先生の遺言通り、現実に世界広布を開いてこられた。池田先生は弟子としての模範を、身をもって私たちに示されたの。

華山▼ホント、すごいですね。

白崎▼でしょ。だから私たちは、池田先生を師と仰いでいるの。こんな偉大な師匠と共に戦えるなんて、これほどの幸せはないって、私は思ってるのよ。

蓮田▼なるほどー。決意しました。僕も、誰に対しても胸を張って、「僕は先生の弟子です」って言えるよう、頑張っていこうと思います。

大木▼そうそう、その気概（きがい）で、共々に頑張っていこう。

「師弟」といっても、弟子が師匠だと決めるかどうかよ。

Q

「師弟不二（ふに）」って、どういうことなんでしょうか？

蓮田▼以前、「師弟」について、話題になりましたよね。実はあのあと、先輩から、「師弟不二（ふに）」という言葉を教わりました。その違いが、分からないんですけど……。

白崎▼「師弟」も「師弟不二」も、決して別々のものというわけじゃないのよ。「師弟」の生き方を深めていく中に、「師弟不二」があるって感じかな？

蓮田▼そもそも、この「不二」って、ど

ういう意味なんですか。

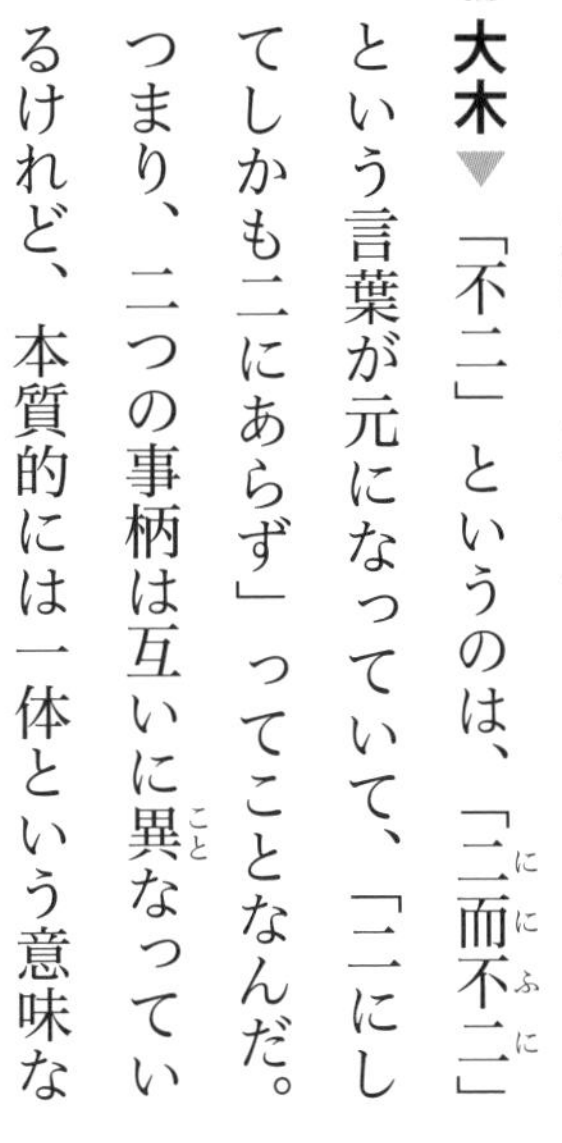

大木▼「不二」というのは、「二而不二（ににふに）」という言葉が元になっていて、「二にしてしかも二にあらず」ってことなんだ。つまり、二つの事柄は互いに異（こと）なっているけれど、本質的には一体という意味なんだ。

華山▼師匠と弟子は、それぞれ別々の存在だけれど、本質的には一体ってことですね。

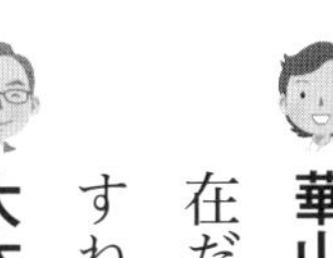

大木▼その通り。

蓮田▼「本質的に一体」って、何が一体ってことですか？

白崎▼そうねー。「志（こころざし）」とか、「責任感」とか、「一念」とか、いろんな言葉があてはまると思うけど、要は、広宣流布（こうせんるふ）への「心」が一体ってことだと思うのよね。

華山▼なるほどーって思う部分もあるんですけど、「師匠の心」というのが、ちょっとイメージしづらいかも。

大木▼普段、私たちが行っている勤行の自我偈の最後に、「毎自作是念。以何令衆生。得入無上道。速成就仏身」とあるよね。これは、どうすれば私たち一人一人が仏の境涯を速やかに成就できるか、仏は、いつもそのことを念じ、祈っている、という意味なんだ。今風に言えば、「一人も残らず、幸福に！」――これが師の願いであり、師の心と言えるんじゃないだろうか。

白崎▼私たちは、ともすれば、自分の幸福だけを願ってたりするけれど、師匠はそうじゃないのよね。常に私たちをはじめ、全ての人の幸福を祈り、その実現のために、日々、念じ、考え、戦ってくださっているのよ。

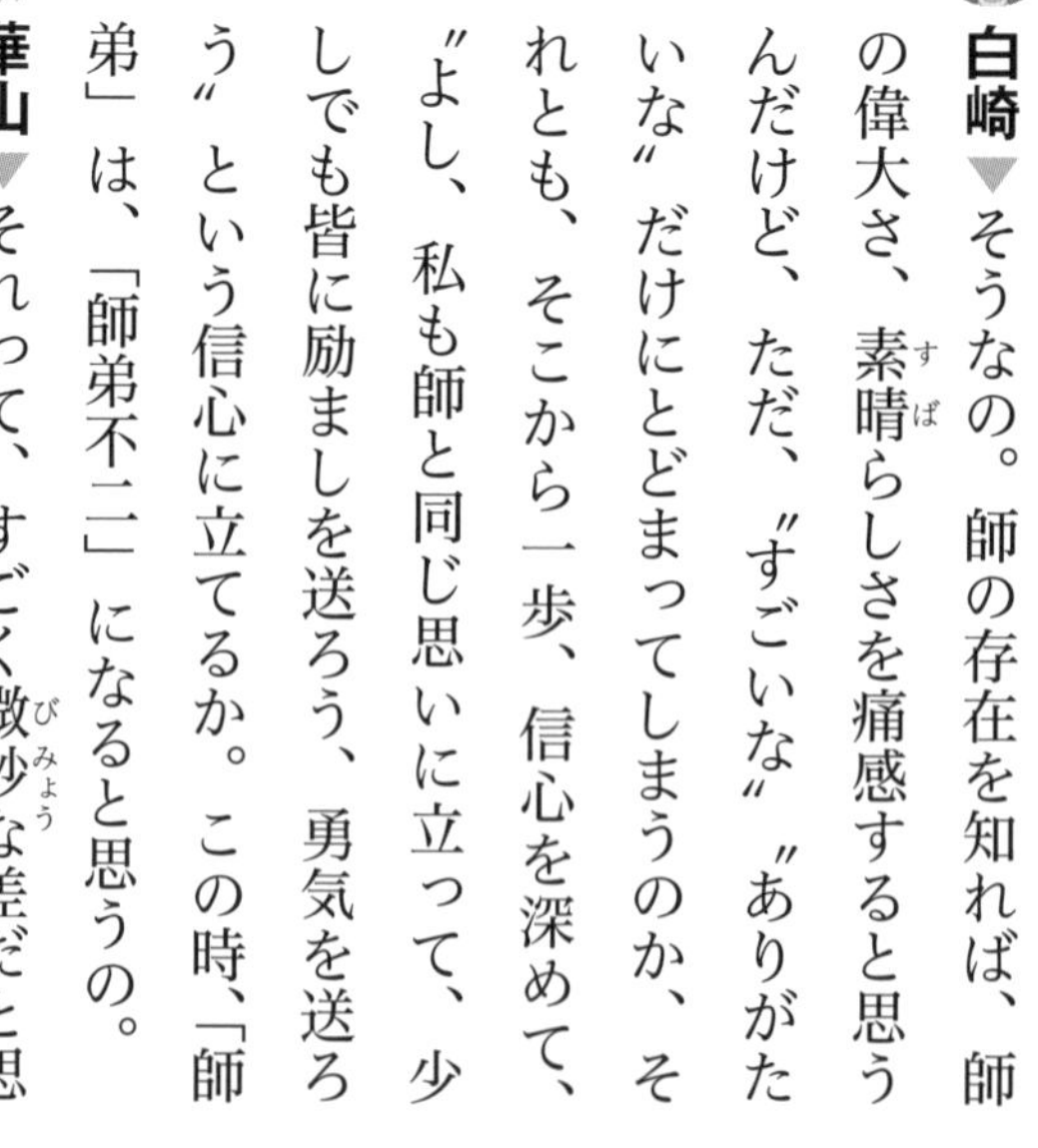

蓮田▼この「師匠の心」と、一体になれるかどうか、あとは私たち弟子の自覚にかかっているということですね。

白崎▼そうなの。師の存在を知れば、師の偉大さ、素晴らしさを痛感すると思うんだけど、ただ、〝すごいな〟〝ありがたいな〟だけにとどまってしまうのか、それとも、そこから一歩、信心を深めて、〝よし、私も師と同じ思いに立って、少しでも皆に励ましを送ろう、勇気を送ろう〟という信心に立てるか。この時、「師弟」は、「師弟不二」になると思うの。

華山▼それって、すごく微妙な差だと思うんですけど、その差って、どうすれば埋まるんでしょうか。

師の心をわが心として、祈り、戦うのが「師弟不二」。

大木▼その差を埋めるポイントこそ、広宣流布への「誓願」じゃないかな。「自分に縁する人を幸せにしてみせる、広宣流布のために戦い抜いてみせる」との誓願を立てる。真剣に祈っていく。行動に移していく。その繰り返しの中に、「師弟不二」があるんじゃないだろうか。私たちは、どこまでも師の心を、わが心とし、「師弟不二」の信心を目指し、進んでいこうよ。

Q そもそも「人間革命」って、どういうことなんですか？

桜葉▼男子部の活動で、小説『新・人間革命』を学んでいこうということになったんです、けど……。

白崎▼けど？

桜葉▼いえいえ、研鑽（けんさん）するのがいやだとか、反対だとか言ってるんじゃないんですよ。「人間革命」って、そもそも、どういう意味なのかなーって考えたら、分かってるような、分かってないような……。

蓮田▼僕も、何となく分かった気になってたけど、じゃあ、説明してって言われたら、しどろもどろかも（笑い）。

大木▼「人間革命」という言葉は、戸田先生が示され、それを池田先生が展開されたんだ。というのも、この言葉の中に、私たちの信仰の目的と指標があり、日蓮仏法の核心があるからだよ。

華山▼きっと深い意味が込められているんだろうなー、とは思うんですけど、世間で「革命」っていうと、ちょっと、怖いと感じる人もいるだろうなと思うんですよね。

白崎▼確かにそうかもしれないわね。でも、「革命」の「革」って、実は「あらためる」っていう意味なのよ。私たちで言えば、「命をあらためる」「日々、命を新しくする」ってことなの。

大木▼身近なところでは、ＩＴ革命が有名だけど、どんなに情報技術が発達しても、産業や経済が盛んになっても、それだけで私たち人間が幸せになるわけじゃない。一人一人が抱えている宿命を転換し、何があろうと、どんな困難が襲おうとも、それに負けない自分をつくりあげていく「人間革命」こそ、最も根本的な革命と言えるんだ。

桜葉▼なるほどー。

蓮田▼その自分自身の宿命を転換していけるのが、日蓮大聖人の仏法ってことですよね。

大木▼正解！　蓮田さん、すごいじゃないか。なんだか、一段と人材に見えてきたよ（笑い）。

白崎▼地区部長、何、失礼なことを言ってるんですか！　人材も人材、大人材ですよ。

蓮田▼女性部長、ありがとうございます（笑い）。

白崎▼それはそうと、仏法には「一念三千」という法理があってね。平たく言えば、「自分の一念が変われば、世界をも変えていける」ってことなの。それを可能にする方途が、御本尊であり、私たちの題目なのよ。戸田先生は、「信心は、急速に、そして良く変わっていくための実践活動」と指導されているんだけど、御本尊に題目を唱えていけば、宿命に翻弄（ほんろう）されてきた自分を転換し、強い自分、何があっても負けない自分に成長することができる。それが「人間革命」ってことなのよ。

華山▼よく分かりました。

桜葉▼僕もです。勉強会にも、積極的に参加できそうです。

大木▼青年部が頑張っているんだから、私も心を入れ替えて、もっと人間革命しないといけないいな。

A

〝何があっても負けない自分をつくりあげていく〟こと。

ザダンカイ質問タイム

2020 年 8 月 24 日　初版第 1 刷発行
2024 年 7 月 3 日　初版第 2 刷発行

編者　大白蓮華編集部
発行者　松本義治
発行所　株式会社　第三文明社
東京都新宿区新宿 1-23-5
郵便番号　160-0022
電話番号　03（5269）7144　（営業代表）
03（5269）7145　（注文専用）
03（5269）7154　（編集代表）
振替口座　00150-3-117823
URL　https://www.daisanbunmei.co.jp/
印刷・製本　藤原印刷株式会社
デザイン　OICHOC
イラスト　西田ヒロコ／嘉戸享二

Printed in Japan
ISBN 978-4-476-06244-1